디지털 시대,
영감의 스위치를 켜라

디지털 시대, 영감의 스위치를 켜라

초 판 1쇄 2024년 02월 23일
초 판 2쇄 2024년 03월 21일

지은이 구자영
펴낸이 류종렬

펴낸곳 미다스북스
본부장 임종익
편집장 이다경
책임진행 김가영, 윤가희, 이예나, 안채원, 김요섭, 임인영, 권유정

등록 2001년 3월 21일 제2001-000040호
주소 서울시 마포구 양화로 133 서교타워 711호
전화 02) 322-7802~3
팩스 02) 6007-1845
블로그 http://blog.naver.com/midasbooks
전자주소 midasbooks@hanmail.net
페이스북 https://www.facebook.com/midasbooks425
인스타그램 https://www.instagram/midasbooks

ⓒ 구자영, 미다스북스 2024, *Printed in Korea.*

ISBN 979-11-6910-510-1 03320

값 18,800원

미다스북스는 다음세대에게 필요한 지혜와 교양을 생각합니다.

디지털 시대,
영감의 스위치를 켜라

구자영 지음

INSPIRATION

미다스북스

감수의 글

오랜만에 흥미로운 책이 나왔습니다. 평생 HCI(컴퓨터의 상호작용)를 연구해 온 학자로
서 아끼는 제자인 구자영 박사의 이번 책 출판은 참으로 기쁜 일입니다. 현재 AI를 활용
한 디지털 헬스 분야의 스타트업을 창업해서 경영하고 있는 저에게 '디지털 시대에 인간
의 영감을 개발하여 차별화한다'는 내용은 너무나 관심이 가는 내용이었습니다. 또한 이
책은 인공지능 기술의 급속한 발전에 대응 방향을 찾고 있는 많은 사람들을 위해 매우
유익한 내용을 담고 있습니다. 평소 저는 인공지능이 고도로 발달한 지금의 시대야말로
가장 인간적인 것으로 기술을 이해하고 발전시켜야 한다는 철학을 가지고 있었습니다.
이 책은 그러한 저의 신념과 일맥상통하는 것이었습니다. 무엇보다도 인공지능이 모방
하기 어려운 인간의 영성을 핵심으로 파생되는 여러 가지 특징인 창의성, 개인성, 공감
력, 윤리성 등을 알기 쉽고 재미있는 사례들을 통해서 논리적으로 풀어내었다는 것이 이
책의 백미(白眉)입니다. 또한 저자는 현재 인공지능의 기술적 측면에서의 활용점과 파급
효과에 주력하고 있는 다른 책들과 달리, 인공지능 시대에 역설적으로 인간의 고유한 능
력을 개발하여 차별화하여야 한다는 다소 대담한 주장을 펼치고 있습니다. 그런 면에서
이 책은 수많은 기술 트렌드 도서들과 비교되는 군계일학의 책이 될 것 같다는 생각을
합니다.

또한 그가 겪은 개인적인 체험들을 승화시켜 끌어낸 귀중한 통찰들이 이 책에 고스란히
담겨 있습니다. 저자가 10여 번의 잦은 이직을 통해 다양한 분야의 업종과 민간기업과
정부 기관을 넘나들며 경험한 생생한 체험은 디지털 노마드의 삶으로 잘 대변하고 있습
니다. 저자가 고통스럽게 겪어야 했던 우리 시대 청년들의 아픔인 청년 실업의 문제를
본인 스스로 체득한 디지털 시대의 영감을 가지고 돌파해 온 소중한 경험들은, 방황하는

청년 세대들에게 희망의 메시지를 줄 수 있을 것입니다. 저자는 문제 제기만을 하지 않고 이 책을 통해 디지털 시대 우리 사회가 나아가야 할 방향에 대해서, 인간의 고유 역량인 영성의 함양을 위해 교육과 기업경영 측면에서도 대안을 제시하고 있습니다. 이는 박사과정 공부를 하면서 제가 목격한 저자의 진지함과 열정이 가감 없이 반영된 결과가 아닌가 생각합니다. 아무쪼록 이 책의 독자들이 디지털 시대에 필요한 영감을 잘 발휘하여 인공지능과 차별화되는 역량을 발휘하여 인생의 진정한 행복을 찾기를 바랍니다.

김진우
연세대학교 디지털치료센터장 겸 경영학과 교수, ㈜하이 대표

추천사

그동안 과학기술은 한국 경제에 구원투수와 같은 역할을 해 왔습니다. 우리나라는
6·25동란의 잿더미 위에서 과학기술 발전이 밑거름이 되어 눈부신 경제발전을 거듭해
왔습니다. 그러나 지금 우리나라는 인공지능을 선봉으로 하는 디지털 기술의 파상적 공
세로 인한 대전환의 기로에 서 있습니다. 지금 우리는 과거의 성공 방정식이 통하지 않
는 더욱 고차원적인 해법이 필요한 시대를 직면하고 있습니다.

이러한 상황에서 이 책은 디지털 시대의 돌파구를 창조적 영감이라고 역설하고 있습니
다. 평생을 국가과학기술발전을 위해 일해 온 저로서는 저자의 이러한 주장에 깊이 공
감합니다. 이러한 영감을 발휘할 때 과학기술자는 창의적 연구를 하고, 도전적 기업가는
그 연구의 결과를 상용화할 수 있을 것입니다. 이러한 혁신의 선순환은 우리 경제를 한
층 더 도약시킬 것입니다.

부디 이 책의 독자 제위께서 창의적 영감을 발휘하여 다시 한 번 대한민국의 화려한 부
활을 위해 힘을 내 주시기를 당부드립니다.

오 명
前) 초대부총리 겸 과학기술부장관

근래 보기 드문 독특하고 창의적인 생각으로 가득 차 있는 책이 나왔습니다. 평소 진지한 탐구 정신을 가지고 우리나라 기업 정책을 추진하는 구자영 박사의 진심과 열정이 담겨 있는 책이라 생각합니다. 이 책은 인공지능의 거센 도전 속에서 인간 고유의 창의적 영감을 통해 디지털 시대를 주도할 소중한 지혜를 담고 있습니다. 많은 청년들이 저성장의 시대에 희망을 잃어 가고 있지만, 이 책에서 말하고 있는 영감을 함양한다면 능히 훌륭한 기회들을 잡을 수 있을 것입니다.

저는 평생 교육자로서 미래 세대에 필요한 역량은 인문학적 상상력과 창의력이라고 강조해 왔습니다. 그리고 저는 그러한 상상력을 발휘하여 우리나라가 과거의 성공 궤도에서 벗어나 과감하게 새로운 궤도에 올라타야 한다고 역설했습니다. 이 책에서도 저자는 창조적 괴짜와 몽상가들이 뿜어내는 혁신의 에너지를 수용해야 한다고 말하고 있습니다. 그리고 창조적 영감을 통한 도전 정신이 혁신의 에너지를 증폭시킬 것입니다. 그러한 영감에 의해 인간은 상상력, 창의력, 공감력을 발휘할 수 있기 때문입니다.

이 책에서 저자는 그동안 노력 과잉의 시대를 살아온 우리에게 정녕 필요한 것은 이 1%의 영감이라고 말합니다. 저는 그러한 주장에 깊이 공감하고 있습니다. 우리의 미래 세대들이 창조적 영감을 발휘할 때, 주도성을 지키며 강력한 인공지능과 협업하며 공존할 수 있을 것입니다. 저자의 주장대로, 디지털 시대의 기업가 정신은 바로 그러한 역량들이 융합될 때 생기는 것이라 생각합니다. 한번 상상해 보십시오. 우리 기업들이 디지털 시대의 기업가 정신을 가지고 세계 무대에서 당당히 경쟁하며 우뚝 서는 날을 말입니다. 또 대학들이 창의적 인재를 길러 내는 세계적 명문 대학이 되는 그때를 말입니다. 모험심 가득한 괴짜들과 몽상가들이 혁신적 아이디어를 실현하는 상상력 충만한 사회를 말입니다. 이 책은 청년 세대뿐 아니라 디지털 시대를 살아가야 하는 모든 세대에게 존엄한 인간의 영감을 발휘하여 꿈과 재능을 마음껏 펼치는 그런 세상이 오기를 염원하고 있습니다. 부디 이 책을 읽는 독자들이 창조적 영감을 통해 다가오는 미래를 그들만의 독창적인 상상력으로 멋지게 이겨 나가는 모습을 기대합니다.

이광형
KAIST 총장

인공지능의 발명은 불의 발견이나, 증기기관 · 전기 · 컴퓨터 · 인터넷의 발명에 비견될 만큼 실생활에 큰 영향을 주고 있습니다. 특히, ChatGPT로 대표되는 생성형 인공지능의 등장은 인간 고유의 영역이라고 생각했던 미술 · 소설 등 창작의 영역까지 넘보며 사회를 급격히 변화시키는 중입니다.

이 같은 인공지능의 발달은 인간에게 편리함과 유익함을 주기도 하지만, 한편으로는 현존하는 많은 일자리를 대체하며 인간에 대한 위협으로 작용할 것이란 우려도 있습니다.

이 책의 저자인 구자영 박사는 이 같은 인공지능의 위협에 우리가 어떻게 대처해야 하는지 방향성을 제시하며, 인간이 인공지능과 차별화될 수 있는 가장 강력한 무기가 바로 '영감(靈感)'이라고 설명합니다.

다양한 분야의 지식과 경험, 독서와 토론, 기도와 명상 등을 통해 창의와 상상이 자유롭게 펼쳐지는 영감이 충만한 사회가 된다면 인공지능의 치열한 공세 속에서도 인간이 디지털 시대를 주도할 수 있다고 말이죠.

인공지능의 거센 도전 속에 우리가 어떻게 준비하고 대응해야 할지를 새로운 시각으로 풀어낸 저자의 생각이 매우 흥미롭습니다. 일독을 권합니다.

김희국

21대 국회의원

前) 국토해양부 차관

디지털 기술이 삶의 모든 분야를 송두리째 변화시키고 있는 가운데, 이 책은 우리 모두에게 도움이 될 미지의 세계를 헤쳐 나갈 창의적 지혜를 제시하고 있습니다. 또한 산업화와 민주화를 함께 달성한 대한민국의 앞날에 대한 통찰력을 제시하고 있기도 합니다. 우리 사회가 직면하고 있는 저성장, 고령화, 저출산과 같은 구조적인 문제의 해결에도 도움이 될 수 있을 것입니다.

박병원

안민정책포럼 이사장

前) 경제수석비서관, 기획재정부 차관

한국경제는 현재 "低출생→국가 소멸→低성장"의 악순환 위기에 처해 있습니다. 대외적으로는 죽느냐, 사느냐의 치열한 글로벌 무한 경쟁에 직면하고 있습니다. 평생을 정부에서 국가 경제를 위해 일해 온 저로서는 이러한 국가 위기에서 탈출하기 위한 해법이 과거의 추격 경제의 틀을 깨고, 다가올 미래에 대비한 선도 경제로 시스템을 대전환하는 것이라고 믿습니다. 이 책에서 역설하고 있는 디지털 시대의 기업가 정신은 낡은 한국 경제를 혁신하여 세계 선도 경제로 전환시키는 해법의 메시지가 될 것입니다. 2024년 청룡의 해에, 기업가들이 놀라운 상상력과 창의력을 발휘하여 한국 경제가 다시 한 번 세계 선도 경제로 비상하게 될 것을 확신합니다.

구윤철

서울대학교 경제학부 특임교수

前) 국무조정실장, 기획재정부 차관

현재 우리나라는 지방 소멸이라는 심각한 위기 가운데 있습니다. 매년 일자리를 찾아 수도권으로 탈출하는 지방의 청년들이 계속 증가하고 있습니다. 이 책의 내용대로 청년들이 자신의 재능과 창조적 영감을 마음껏 발휘한다면, 지역의 혁신 생태계에 큰 활력을 줄 수 있을 것입니다. 이러한 관점에서 저자는 탁월한 혜안으로 디지털 시대를 살아가는 우리 청년들에게 시대를 관통할 수 있는 지혜와 용기를 선사하고 있습니다. 부디 독자 제위께서 미래 대한민국을 이끌어 갈 훌륭한 인재로 성장하길 기원합니다.

이갑준
부산광역시 사하구청장

국가 경제가 어려운 시기에 참으로 신선한 아이디어가 듬뿍 담긴 책이 나왔습니다. 저자는 양자역학, 컴퓨터공학, 인지과학, 철학에 이르기까지 방대한 지식을 동원해서 디지털 시대의 본질적인 해법을 인간의 영감에서 찾았습니다. 특별히 기업 경영과 교육 분야에 있어서 인공지능과 차별화되는 창의력이 필요한 시대라 생각합니다. 부디 이 책이 예측하기 힘든 디지털 대전환의 시대에 거센 파도를 헤쳐 나갈 등대와 같은 역할을 하기를 기대합니다.

문형욱
예금보험공사 상임이사

경이로운 책입니다! 저자가 디지털 시대의 풍랑을 인간의 영감으로 파도 타면서 넘어온 재미있는 삶의 이야기가 큰 감동을 줍니다. 동시대를 사는 우리에게 디지털 시대의 거센 풍랑에도 영감의 서핑보드를 타며 극복할 수 있을 것이라는 자신감을 주는 책입니다. 일독을 강력하게 추천합니다.

이동만
KAIST 교학부총장 겸 석좌교수

창작의 영역으로 알고 있었던 그림과 글쓰기 그리고 작곡까지 하는 생성형 AI의 출현으로 인해 AI가 어디까지 진화하고 앞으로 우리는 무엇을 어떻게 해야 할지가 초미의 관심사로 떠오르고 있습니다. 이 책은 게임 체인저로 자리 잡고 있는 생성형 AI와 대비하여 인간의 영감을 재조명하고 있습니다. 이 책을 통해 인간의 숨겨진 보배인 영감을 활용하여 미로인 AI 시대를 헤쳐 나가시기를 기원합니다.

이봉규

연세대학교 정보대학원 교수, 방송통신정책연구소 소장

이 책을 읽으며 디지털 시대 영감의 원천이 결국 인간을 차별화시키는 무기가 된다는 사실에 크게 감명을 받았습니다. 우리나라가 현재 처한 경제적, 사회구조적 위기를 타개할 디지털 시대의 기업가 정신에서 꼭 필요한 것이 바로 영감입니다. 이 책은 그러한 의미에서 우리에게 도전을 주며, 미래 세대들에게는 희망을 주는 아름다운 책입니다.

김영태

한국청년기업가정신재단 기업가정신연구소장, KAIST기업가정신연구센터장

이 책은 급변화하는 시대에 우리 인간이 미리 대응하고 준비할 수 있는 영감을 제공해 줍니다. 상상력이 기술, 산업과 융합될 때 거대한 혁신이 만들어져 우리가 그리는 미래를 좀 더 인간답게 디자인해 나갈 수 있을 것입니다.

서동준

경북대학교 융복합공학과 교수

한평생 사람을 귀히 여기는 아웃소싱 사업을 경영해 온 저로서는 이 책에서 주장하고 있는 인공지능이 대체할 수 없는 인간의 공감 능력에 대해 열렬히 공감합니다. 그러한 인간의 공감 능력으로 디지털 기술이 범람하는 미래에도 사람다운 따뜻한 일터의 문화가 펼쳐지기를 바랍니다.

구자관

삼구INC 책임대표사원

이 책의 백미는 AI의 창조 비밀에 대한 인문학과 과학을 가로지르는 구자영 작가의 신선한 해석입니다. AI와 인간의 창조 설계의 비밀은 바로 언어라는 수단입니다. 언어는 신비로운 생명력으로 문학이라는 세계 속에서 감동을 자아냅니다. 미래의 인간 작가들은 이러한 언어의 강한 생명력을 창조적 영감을 통해 작품에 불어넣어야 합니다. 그렇게 될 때, 우리의 문학은 AI와 공존할 수 있을 것입니다.

손택수

시인, 노작홍사용문학관장

이 책은 디지털 전환이 가속화되고 있는 지금의 시대에 우리 경제의 지속 가능성을 위한 통찰력을 담고 있습니다. 또한, 인공지능이 촉발하고 있는 기술 만능의 시대에 진정한 인간의 가치를 재조명하며, 기업 경영에 인간성의 회복이라는 바람직한 방향을 제시하고 있습니다. 우리나라의 많은 기업인들이 이 책을 읽고 미래를 경영해 나갈 통찰력을 얻기를 바랍니다.

구자철

예스코 홀딩스 회장

야구는 각본 없는 드라마라고 합니다. 저는 이 책을 읽으며 AI의 거센 돌풍이 불고 있는 현시대가 바로 각본 없는 드라마가 펼쳐지고 있는 때라고 생각했습니다. 이러한 변화무쌍한 상황에서 이 책은 우리가 영감을 발휘하여 AI와 협업해 나갈 전략을 제시해 주고 있다는 점에서 큰 위안이 됩니다.

현재 야구계도 AI 심판의 도입으로 큰 전환점을 맞이하고 있습니다. 인간이 창의력, 공감력, 윤리성을 잘 발휘하여 AI와 협업한다면, 마치 인생 역경과도 같은 야구 경기의 박진감과 재미가 더해질 것으로 기대합니다. 독자 여러분들도 디지털 시대의 그라운드에서 자신만의 멋진 경기를 펼치시길 기원합니다.

이강훈
롯데자이언츠 대표이사

청년들이 꿈꾸지 않는 나라, 청년들이 도전을 회피하는 나라는 병들어 있는 나라입니다. 의대 쏠림 현상은 그러한 현실을 잘 대변해 주고 있습니다. 책에서 말하고 있는 디지털 시대의 기업가 정신은 우리나라 창업 생태계의 역동성을 가져다줄 것입니다. 또한, 젊은 창업가들이 자신의 꿈을 찾고 창조적 영감을 가지고 도전할 때 우리 사회는 혁신의 에너지로 가득 찰 것입니다. 그리하여 우리 스타트업들이 글로벌 혁신 기업들로 성장하는 그날을 꿈꾸어 봅니다.

송은강
캡스톤 파트너스 대표이사

인공지능(AI)이 발전하는 시대, 기발하고 유익한 내용으로 가득 찬 책이 나왔습니다. 평소 구자영 박사의 참신함과 열정이 잘 담겨 있는 책입니다. AI 기자의 등장은 평생 언론인으로 살아온 저에게 미래에 대한 고민과 두려움을 주었습니다. 이런 상황에서, 이 책은 저에게 큰 희망의 메시지를 주고 있습니다. 결국 사람 기자만이 가질 수 있는 윤리성과 공감 능력으로 AI 기자와 차별화한다면 언론의 미래는 밝을 것입니다. AI가 확산되면서 혼란한 지금, 이 책은 독자들에게 격랑 속 파도를 헤쳐 나갈 방향타를 제시할 것입니다.

최현진
BAIVERSE 대표, 국제신문 마케팅국장

현재 보험업에서도 AI의 활용이 확산 중인 가운데, 이 책은 AI의 기술적 파급효과에 치우친 다른 책들과는 달리 근원적 해법을 인간의 영감에서 찾았습니다. 또한, 저자가 역설하고 있는 공감의 가치는 사람과의 상호작용이 많은 보험 분야에서 변하지 않는 경쟁력이 될 것입니다. 아무쪼록 이 책을 읽는 독자들께서 인간 고유의 영감의 능력을 회복하여 디지털 시대의 거센 도전을 극복하기를 기대합니다.

이범욱
DB손해보험 부사장

저는 디지털 및 경영 컨설턴트로서 수많은 기업들을 만나 왔지만, 생성형 AI의 등장과 디지털 기술의 발전에 따라 우리 기업들은 또 다른 차원의 변곡점에 서 있습니다. 설상 가상으로 의대 쏠림 현상처럼 우리 사회는 점차 도전 회피형 사회가 되고 있습니다. 이 러한 혁신과 미래 경쟁력 고갈의 위기 속에서 이 책은 AI 시대의 본질적인 역량이 무엇 인지를 제시하고 있습니다. 저자의 주장대로, 상상력과 창의력으로 무장한 영감과 기업 가 정신이야말로 거센 파도를 넘을 수 있는 최종 병기가 될 것입니다.

조재박
KPMG 부대표

이 책에서 저자는 디지털 시대를 돌파할 수 있는 역량으로 상상력과 공감력을 강조하고 있습니다. 또한, 우리 사회에 상상과 공감이 펼쳐지는 고품격 소통이 절실히 필요함을 역설하고 있습니다. 저는 그러한 주장에 깊이 공감하며 책의 내용대로, 고품격 담론 속 에서 디지털 시대를 주도할 창의적 아이디어가 펼쳐지기를 기대합니다.

오영재
'사유의 서재' 대표

들어가며

- 무명의 너클볼러를 찾아서

너클볼은 현대 야구에서 스크루볼, 자이로볼과 함께 3대 마구로 불리며 가장 치기 어려운 변화구이다. 너클볼은 구속은 느리지만 야구공이 공기의 흐름에 맞춰 마치 나비가 춤을 추듯 움직인다. 이렇게 변화무쌍한 공의 흐름을 만드는 비결은 바로 공의 무회전 이다. 일반적으로 강속구 투수들은 공기의 저항을 뚫기 위해 야구 공에 엄청난 회전을 주며 던진다. 하지만 너클볼 투수는 공에 회전을 주지 않고 공기 중에 공을 놓는다는 느낌으로 던진다. 그렇게 공기 중에 놓인 공은 공기의 흐름에 의해 자유자재로 움직이며 타자를 희롱한다. 그러기에 어깨와 손목에 힘을 빼고 공을 던져야 하는 것이다. 배우기도 어렵고 던지기도 어려운 공이다.

이런 이유로 너클볼 투수들은 대체로 사연이 많다. 젊은 시절 강속구를 뿌려 대는 유망주가 불의의 사고를 당해 더 이상 전과 같이 빠른 공을 던질 수 없을 때 너클볼을 배워 재기에 성공하는 그런 스토리가 많다. 그래서 너클볼 투수들끼리는 그들만의 묘한 동질감을 느끼며 상대 팀 선수라도 비법을 전수해 그 전설 같은 명맥을 이어 오고 있는 것이다. 즉, 너클볼은 역경을 견뎌 낸 인생의 깊은 아픔과 회한이 서려 있는 신비로운 변화구이다. 그래서 너클볼은 투수들의 사연을 머금은 가장 인간적이면서 영감 어린 공이라 할 수 있다.

어찌 보면 너클볼은 인공지능의 거센 도전 속에 불확실성이 높은 디지털 시대를 헤쳐 나가야 할 우리 모두에게 깊은 통찰을 제시해 준다. 그것은 디지털 시대의 복잡하고 변화무쌍한 흐름 속에서 우리를 차별화할 수 있는 능력이 바로 우리 굴곡진 인생 속에 있다는 것이다. 모두가 인공지능이 주는 편리함, 기술적 파급효과와 일자리 대체의 위협에 대해 이야기할 때, 정녕 인공지능과 차별화하는 무기는 역설적이게도 우리 안에 있다는 것이다. 우리는 문명의 편리함을 넘어선 디지털 시대를 살아감에도 여전히 노력 과잉과 천편일률적인 경쟁 속에 시달리며 살고 있다. 그러나 때로는 너클볼처럼 어깨의 힘을 빼고 바람의 힘에 공의 운명을 맡기는 순간들을 찾아가야 한다. 이 책은 힘겨운 삶 속에서 노력 과잉의 짐을 잠시 내려놓고, 삶의 유연함과 영감의 휴식 속에서 자신만의 너클볼을 던져 승리할 수 있다는 희망의 메시지에 관한 이야기다.

우리들 대부분은 압도적인 구위로 타자를 제압하는 강속구를 가지고 있지 않다. 하지만 모두의 인생 속에는 자신만의 강력한 변화구가 감추어져 있다. 그리고 우리 인생 속 보물과 같은 그 변화구를 발견하게 하는 힘은 바로 영감(靈感)이다. 이 책은 그러한 평범한 인생 속에 감추어진 영감에 관한 이야기이다. 그런 의미에서 이 글은 평범함 속에 감춰진 비범함을 발견하는 우리 모두의 이야기다. 그리고 내가 직접 겪은 팔전구기(八顚九起)의 인생 역경 속에서 나만의 변화구를 찾으려 애쓰며, 평범함 속에 비범함을 찾고자 했던 한 청년의 몸부림과 그 속에서 깨달은 영감의 정수가 담겨 있다.

부디 독자 여러분이 이 책을 읽고 자신만이 가지고 있는 인생의 변화구를 찾기를 바란다. 그리하여 여러분의 아름답고 소중한 인생이 펼쳐지는 꿈의 그라운드에서 자신만의 신비로운 변화구를 던져 멋지게 스트라이크를 잡아 내는 그날을 꿈꾸어 본다.

2024년 1월

구 자 영

"인공지능 시대에는
영성이 인공지능과 인간 사이의
빈 공간을 채우게 될 것."

– 고 이어령

前) 문화부장관

목차

감수의 글   004

추천사   006

들어가며 무명의 너클볼러를 찾아서   016

프롤로그 디지털 노마드의 시작   024

PART 1. 디지털 시대, 인공지능의 반격이 시작됐다

1. 인공지능, 디지털 전환을 이끌다   039

대세의 흐름, 디지털 전환   039

인공지능이 몰고 온 디지털 경제의 파급력   042

ChatGPT의 탄생까지 이어진 인공지능의 발전사   048

2. 인공지능, 인간을 대신하다   050

일상을 지배하는 막강한 개인 비서 AI   050

베토벤 10번 교향곡의 작곡가   053

소설 쓰는 AI 작가   058

SF 영화 속 인공지능의 미래   060

3. 인공지능, 인간을 위협하다   065

욕하는 채팅 로봇 Tay   066

생각의 아웃소싱: 생각하지 않는 인간 VS 생각하는 AI   070

생각의 자유를 위협하는 테슬라의 뉴럴링크   075

PART 2. 우주 창조와 인공지능 설계의 비밀

4. 양자역학, 창조의 비밀을 밝혀내다 083

    이중슬릿 실험: 관찰이 존재를 결정한다 083

    슈뢰딩거의 고양이: 생(生)과 사(死)의 공존 086

    우주의 섭리: 양자역학과 김춘수의 『꽃』 090

5. 인공지능은 신이 될 수 있을까? 095

    우주 창조의 비밀: 메타버스 속의 양자역학 095

    시뮬레이션 우주, 장자의 나비와 영화 〈매트릭스〉 097

    창조의 원리를 모방한 인공지능 100

    신이 될 수 없는 인공지능 105

6. 인공지능은 인간이 될 수 있을까? 110

    인간이 되고 싶은 인공지능, 인간의 마음을 탐내다 110

    의식과 무의식의 비밀을 푸는 열쇠 114

    에클스와 뉴버그의 실험: AI가 열 수 없는 영감(靈感)의 문 117

PART 3. 디지털 시대, 영감의 스위치를 켜라

7. AI 시대 살아남는 직업, 지켜야 하는 직업   125

   인간의 일자리를 대체하는 AI의 위협   125

   살아남는 직업, 지켜야 할 직업   130

8. 디지털 시대 인간의 최종 병기, 영감   136

   '스폰지밥' 에피소드, 집단 지성의 함정   136

   인간의 생각을 뛰어넘지 못하는 생성형 AI의 한계   141

   인간의 영성, 엣지(edge) 있는 차별화 무기   144

   영성으로 영감의 문을 열어라   147

9. 영감의 스위치를 켜라   151

   개개인성의 스위치   151

   창의력과 상상력의 스위치   162

   공감력의 스위치   172

   윤리성의 스위치   177

PART 4. 디지털 시대, 영감으로 승리하라

10. 영감의 원천을 찾아서 187

디지털 과잉의 폐해 187

디지털 디톡스(Digital Detox): 뇌를 비우는 여백의 미 193

고요한 시간에 만나는 '나' 194

꿈을 현실로 만드는 '인생 BSC' 198

창의력과 상상력의 보고 – 이야기 클럽 202

공감력 증진의 비법: 공감적 경청과 VBC 206

11. 영감으로 일터에서 승리하라 210

일터에서의 영성, 개개인성과 윤리성의 발현 210

M사우나의 이발사 할아버지, 예술로 승화되는 직업 214

잘 노는 사람이 성공한다 – 취미의 시대 217

인간과 AI의 컬래버레이션 220

특별부록 영감으로 디지털 경제를 지배하라 224

에필로그 빨강 머리 앤 244

감사의 글 247

주석 249

참고 문헌 254

프롤로그

- 디지털 노마드의 시작

에피소드 1. 뇌파를 잡아라

2005년 어느 여름날, 나는 강남구 도곡동에 위치한 대학원(DML, Digital Media Laboratory) 연구실 화장실에서 간절히 기도하고 있었다. 그날 나는 연구소 과제 발표를 해야 했다. 후배들과 여름 방학 기간 불철주야 연구한 프로젝트를 꼭 성공시켜야 했다. 그래야만 주변의 극심한 반대에도 프로젝트를 밀어붙인 내가 받을 비난과 조롱을 피할 수 있었다. 마침내 나는 연구의 결과를 연구소의 전 직원이 쳐다보는 가운데 시연을 해야 했다. 나는 뇌파측정기를 머리에 착용하고, 두 눈을 감았다. 그리고 연구팀 후배의 신호를 기다렸다. "형! 오른쪽으로 가 봐요!" 나는 머릿속으로 오른쪽으로 팔을 뻗는 상상을 했다. 그러자 가상 현실로 만들어 놓은 실험 세트의 모터가 돌아가서 오른쪽을 향했다. "형! 이번에는 왼쪽으로 가 봐요!" 나는 이번에는 왼쪽을 상상했다. 이번에도 가상현실 실험 세트는 왼쪽으로 향했다. 결과가 우연히 나온 것이 아님을 증명하기 위해 무작위로 그 과정을 반복했지만 모두 성공했다. 다행이었다. 나는 가슴 벅찬 감동이 밀려와 눈물이 나왔다. 함께 고생해 준 연구팀 후배들에게 너무 감사했다. 연구 결과 시연은 대성공이었다.

연구의 주제는 운동 심상(motor imagery)을 활용해서 두뇌컴퓨터를 개발하는 것이었다. 운동 심상은 사람의 움직임을 상상만 해도 두뇌에서 움직임을 했을 때와 동일한 뇌파(brain wave)가 나오는 현상이다. 그래서 그 기술을 이용하면 몸을 움직이기 어려운 지체부자유자들이 상상만으로 시스템을 제어할 수 있게 하는 편리함을 주는 기술이었다. 처음에 그 연구를 진행하기 위해 교수님께 2억 원 상당의 연구비를 요청하였다. 그러나 두뇌컴퓨터는 성공 가능성이 희박한 연구라며 반대를 많이 하셨다. 당시에는 많이 속상했지만 지금 생각해 보니 테슬라와 같은 글로벌 기업이 막대한 자원을 투입해 현재도 연구 중인 기술(뉴럴링크, Neuralink)을 20년 전에 석사과정 학생들이 구현한다고 하니까 무모하게 여겨졌을 것이다. 하지만 우리 연구팀은 불철주야 관련된 국내외 논문을 분석했고, 그 핵심 기술을 구현해 냈다. 그리하여 최종 실험에도 성공하고 다수의 논문을 권위 있는 국제 학회에 발표할 수 있었다.

지금도 그때를 회상하면 큰 감동이 밀려온다. 인간의 상상을 현실로 만들 수 있다는 것을 생생하게 체험했기 때문이다. 또한 내가 처음으로 디지털 기술(인공지능과 두뇌컴퓨터)을 만나게 되어 구현한 사례이기 때문이다. 그리고 어렸을 적부터 바라던 첨단 과학자의 꿈이 현실화되는 경험이었다. 이 일로 더 큰 목표를 가지고 미래를 향해 나아갈 수 있는 자신감을 얻게 되었다. 이후 나는 미국 유학을 준비했다. 함께 공동 연구를 진행했던 MIT미디어랩에 박사과정으로 진학하여 수준 높은 연구를 하고 싶었다. 그때 나는 인간 두뇌 활동의 비밀을 밝히고 컴퓨팅으로 연결하여 인류 사회에 큰 공헌을 하고 싶다는 젊은 패기로 가득 찬 꿈과 희망으로 부풀어 있었다. 하지만 많은 인생들이 그렇듯이 내 원대한 계획은 뜻대로 이뤄지지 않았다. 말로 차마 표현하기 어려운 이유로 꿈에 그리던 MIT미디어랩의 박사과정 진학이 아쉽게 좌절되었다. 미국 유학이 좌절되고 한동안 삶의 의미를 잃고 방황했다. 나는 몇 개월간 방바닥에 누워서 다시 일어설 동력을 잃고 말았다.

그러나 삶은 내가 포기하지 않는 한 계속되었고 나는 또다시 다음 인생의 항구를 향해 일어서야만 했다. 한 치 앞을 모르는 인간의 삶을 살아가지만 그것이 또한 인생의 묘미라는 걸 당시에는 잘 몰랐지만 지금은 알고 있다. 그렇게 나는 수많은 실패와 성공, 뜻하지 않은 길들을 지나면서 디지털 시대의 영감을 찾아가는 기나긴 여정을 시작하게 되었다.

에피소드 2. 행복을 찾아서

2009년 어느 봄날, 나는 경기도 화성시의 한 아파트에서 동네 아주머니들이 둘러앉아 모인 곳에서 열심히 실손 보험을 설명하고 있었다.

"구 선생, 그러니까 이 보험을 가입하면 병원비를 안 내도 되는 것이지?"

"예, 어머니. 맞습니다. 실제 들어가는 비용을 보험회사가 대신 내준다고 생각하시면 됩니다."

"아이고! 그런 보험이 어디 있는가? 시방 우리 무식하다고 구 선생이 구라 치는 거 아니여?"

"어머니! 제 얼굴을 보세요. 제가 어디 사기꾼처럼 생겼나요? 어머니가 가장 소중히 여기는 가치인 가정의 화목을 위해 이 보험이 큰 힘이 될 거예요!"

실손 보험이 시장에 나온 지 1년이 다 되어 가는데 아직 가입을 하지 못한 사람들이 지방에는 많았다. 그날은 처이모님의 주선으로 아파트 주민들에게 실손 보험을 설명해 주고 가입 권유를 하였다. 그렇게 그날 하루만 10여 개의 보험 판매 실적을 올릴 수 있었다.

나는 대학원 졸업 후 어렵게 첫 직장으로 대기업의 IT 계열사에 들어갔는데, 회사의 경영난이 심해져서 1년 정도 근무하고 정리 해고를 당해야 했다. 그렇게 첫 직장에서 나온 후 다른 회사로 이직을 시도했지만 짧은 경력으로 나를 받아 주는 회사는 없었다. 우여곡절 끝에 생계를 위한 호구지책으로 나는 보험 영업을 시작해야 했다. 보험설계사 자격을 취득 후 보험대리점(GA, General Agency)에서 첫 영업을 시작했다. 학자의 꿈을 꾸던 사람이 난생처음 영업의 세계로 들어오니 어려움이 많았다. 수많은 영업직 중에서도 보험처럼 무형의 금융 상품을 판매하는 일은 무척 어려웠다. 처음 몇 달은 수입이 거의 없었다. 당시에 첫 아이가 두 살이 되어 육아를 위해 생활비가 조금씩 증가하고 있을 때였다. 내가 벌어 오는 수입이 너무 작아서 우리 가정의 생활비로 턱없이 부족했다. 그리고 낮에는 영업을 하고, 밤에는 금융자격증 공부를 해야 하는 주경야독의 힘겨운 생활을 이어 나갔다. 마치 당시 많은 감동을 주었던 영화 〈행복을 찾아서(2006년 작)〉의 주인공과 같이 고단한 삶이었다.

그렇게 힘겨운 생활을 이어 나가던 중 궁하면 통한다[窮則通]고 했던가? 나는 우연히 미국에서 보험 영업의 비법을 배우고 온 영업 고수를 만날 수 있었다. 그는 사람 중심 상담학으로 유명한 심리학자 '칼 로저스'의 공감적 경청을 기반으로 하는 가치기반대화법(VBC, Value Based Communication)의 몇 안 되는 전문가였다. 나는 이 기회를 놓치지 않았고 VBC의 비법을 전수받을 수 있었다.

그때까지 보험 영업의 주력 기술은 고객의 니즈(Needs)를 환기시켜서 미래에 닥칠 위험을 인식시켜 보험 상품을 판매하는 것이었다. 그러나 VBC 영업 기업은 고객의 니즈보다 한 차원 더 높은 고객의 가치(Value)를 공감적 경청으로 끄집어내는 최고급 기술이었다. 즉, 인간 내면의 영혼에 손을 뻗어 그 영혼과 교감하며 숭고한 인생의 가치에 공감하며 보험 상품을 제안하는 고품격 영업 기법이었다. VBC를 적용한 나의 보험 영업은 날개를 달았다. 잠재 고객들을 만날 때마다 공감력을 활용하여 고객의 목소리를 경청했고, 고객들의 내면 깊이 도사리고 있는 소중한 가치들을 발굴했다. 그리고 그렇게 발굴한 고객들의 소중한 가치들을 보험 상품과 연결만 해 주면 판매는 자연히 성사되었다. VBC라는 비법을 탑재한 나는 파죽지세로 몇 달 안에 영업 실적이 지점 1위로 올라섰다.

보험 영업을 한 2년의 기간 동안 내 인생에서 가장 많은 사람을 만났다. 어림잡아 2,000명은 넘게 만났을 것이다. 막 아이를 출산하고 태아 보험을 알아보고 있는 신혼부부들, 죽음의 문턱을 넘기고 암 보험을 자식에게 권유하는 어머니, 재테크를 위해 변액 보험을 문의하는 사회 초년생들, 사망 시 손자에게 유산을 상속하려는 할아버지와 같은 각양각색의 다양한 사연을 가진 동료 시민들을 만날 수 있었다. 당시 나는 양복이 땀으로 젖을 정도로 발로 뛰고 전단지를 만들며 그야말로 삶의 현장 체험의 시간을 보냈다. 사무실 책상에서는 결코 배울 수 없는 인간과 삶에 대한 가치들이었다. 다양한 연령과 상황과 계층을 만나며 그들의 삶의 이야기를 듣고 공감하며 쌓아 왔던 그 2년의 경험은 나에게 최고급 MBA 코스와도 같은 소중한 인생 공부의 시간이었다.

에피소드 3. 창조경제추진단

2016년 10월 27일 서울중앙지검은 서울시 중구 한국관광공사 빌딩에 위치한 창조경제추진단 문화창조융합본부를 압수수색 했다. 비선 실세로 여겨졌던 최순실 씨의 최측근인 창조경제추진단장의 관련 자료를 확보하기 위함이었다. 나는 내가 근무하는 사무

실의 압수수색 장면을 서울의 한 병원 입원실 TV를 통해 지켜보아야 했다. 당시에 나는 무릎관절의 연골이 파열되어 수술을 받은 후 입원 중인 상태였다. 마음이 아팠다. 박근혜 정부 말기인 2016년 1월, 나는 민간 전문가 특별 채용의 방식으로 어렵게 창조경제추진단의 기술투자전문가로 들어갔다. 처음으로 공직에 발을 들여놓은 곳에서 근무하던 사무실이 수사의 타깃이 되었다는 사실에 마음이 참으로 슬펐다. 병원을 퇴원한 후 아픈 무릎을 절뚝거리며 출근했지만, 결국 얼마 지나지 않아서 창조경제추진단은 해체되었다. 내가 처음으로 맡은 공직이라 많은 애착이 있었다. 열정을 가지고 추진단의 동료들과 창조 경제와 문화융합산업의 미래를 그리던 추억이 생각났다. 동료들과 함께 김밥을 먹어 가며 밤을 지새워 토론했던 순간들과 문화창조벤처단지의 입주 기업들과 성장을 위해 함께 고민했던 지난 1년간의 추억들이 주마등처럼 스쳐 갔다. 그렇게 나는 첫 공직에서의 호된 신고식을 치르게 되었다. 그 이후 나는 민간기업에서의 기술사업화 경험을 십분 활용하여 서울시, 부산시를 거쳐 현재의 기획재정부에 이르기까지 다양한 분야의 디지털혁신정책을 추진해 오고 있다.

내가 공직자의 인생을 살게 된 데에는 사연이 있다. 2010년 보험 영업을 마치고, 다양한 IT 분야의 기업들을 거치며 나는 디지털 사업 전문가로 성장하며 안정을 찾아 가고 있었다. 하지만 나에게는 해소되지 않는 실체를 알 수 없는 깊은 영혼의 갈증이 있었다. 기업에서 진정 내가 원하는 자아를 실현하기에는 많은 한계가 있음을 깨닫고 있었다. 기업에서 진정한 혁신과 신사업을 추진하기에는 기존 캐시카우(cash cow)가 되는 사업 분야에서의 강한 저항이 있었다. 또한 경영진의 근시안적 경영 전략과 디지털 기술에 대한 낮은 이해도로 인해 어려움이 많았다. 기업의 규모를 떠나, 혁신에 저항하고 현실에 안주하려고 하는 강한 경향성을 느꼈다. 이대로 가면 우리나라의 기업들은 곧 혁신 에너지가 고갈되어 큰 위기에 봉착할 거라는 위기감이 느껴졌다. 기업이 혁신을 멈추고 과거의 성공 경험에 안주하는 순간, 기업의 성장은 멈추게 되고 위기에 직면하게 된다. 이 같은 무수한 사례들은 시장경제의 역사를 통해 생생하게 증명되어 왔다. 하지만 당시 많은 기업들은 디지털 시대에 적합한 리더십, 기업가 정신을 탑재하지 못하고 있었다. 그 부분에서 나는 깊은 회의를 느끼고 있었다. 더불어 디지털 시대의 혁신 생태계를 만들고 싶다는 나의 열망을 어디서도 채울 수가 없었다.

이러한 갈등과 고민 가운데 내적으로는 나 자신을 진정으로 찾고 싶었다. 고민 끝에 결심을 하고 다니던 회사를 그만두었다. 처자식이 있는 가장의 무모하고 대책 없는 모험처럼 보였다. 힘든 직장을 나오니 막상 더 힘든 생활이 펼쳐졌다. 그러나 그 황무지 같은 시간을 허비할 수 없었고 그렇게 2015년 1년을 나를 찾는 시간을 가졌다. 그 기간 동안 끊임없이 나 자신에게 그리고 창조주에게 질문을 던졌다. 나의 존재의 이유와 인생의 사명을 알고 싶었다. 그렇게 내 내면에 숨겨진 재능이 무엇인지, 무엇을 가장 잘할 수 있고 또 내가 좋아하고 원하는 일이 무엇인지 끊임없이 고민했다. 지난 10여 년간 유목민처럼 이곳저곳을 옮겨 다니며 치열하고 처절했던 시기의 삶의 의문들에 대하여 생각해 보았다. 그리고 마침내 그 깊은 고뇌의 과정을 통해 답을 얻었다. 나와 같이 꿈이 좌절되고 힘든 시기를 보내며 방황하고 있는 많은 사람들에게 꿈과 희망을 주는 것이 나의 사명이라는 것을 깨달았다. 또 그 과정에서 인생의 절벽이라고 느껴졌던 그곳이 내가 다시 날 수 있는 장소임을 알게 됐고, 나의 진로는 예상치 못했던 곳으로 향해 있음을 알게 되었다. 그래서 민간기업을 거쳐 공직에 도전하게 됐다. 또 나이 마흔이 넘어서 접어 두었던 박사 공부를 시작했다. 넘치는 상상력과 창의력으로 혁신을 만들어 나가는 나라를, 무엇보다 청년들이 자신의 재능을 마음껏 펼치며 성장하는 나라를 공직을 통해 이뤄 나가고 싶었다.

지금까지 민간기업 여섯 곳, 공직 네 곳 총 열 개의 직장을 거쳐왔다. 직장의 분야도 금융, 디지털 분야, 지자체, 정부 기관 등 다양하다. 그동안 작성한 이력서만도 수백 개가 넘을 것이다. 입사

면접을 본 횟수도 백 번이 넘는다. 지금이야 자신의 소신과 능력에 따라 이직을 하고 적성을 찾아가는 것이 미덕인 시대지만 당시만 해도 한 직장에 오래 다니는 것이 직장의 룰이자 미덕인 시대였다. 이러한 이직 여정 덕분에 나는 종종 디지털 시대 이직전문가로 소개되기도 한다.

나는 디지털 시대의 핵심 성공 요인이라 부르는 산업 간, 기술 간의 융합을 민간과 공공을 넘나들며 몸소 삶으로 구현해 왔다. 18여 년간 열 번의 직장을 옮기며 숱한 사건과 사연도 남달리 많았다. 회사 사정으로 정리해고를 당하기도 했었고, 계약 기간이 끝나고도 다음 직장을 정하지 못해서 앞길이 보이지 않는 아픈 공백기도 많았다.

그럼에도 불구하고 그 여정 속에서 한 단계 한 단계 도약하며 발견한 사실은 디지털 시대가 심화될수록 역설적으로 우리에게 영감이 더욱 필요하다는 것이었다. 우리가 흔히 아는 에디슨의 명언 "성공은 99%의 노력과 1%의 영감으로 이루어진다"는 말은 사실 1%의 영감의 중요성을 강조한 말이다. 에디슨은 영감이 없다면 아무리 많이 노력해도 성공할 수 없다는 의도로 말한 것이었다. 하지만 우리 사회는 오래전부터 노력 과잉의 사회였다. 과도한 입시 경쟁, 취업 경쟁, 승진 경쟁은 우리가 영감을 찾을 여유를 주지 않았다. 그러한 영감은 남과 비교하지 않고 진정한 자신을 찾는 것에서부터 시작된다. 진정한 나 자신을 찾는다는 것은 또한 각자가 모두 자기 인생에 단 하나뿐인 원조, 오리지널 걸작이라는 자부심과 자존감의 발견이다. 그리고 영감은 그것을 가능케 하는 힘이다.

나는 이 책이 디지털 시대에 혼란과 두려움을 느끼는 현대인들에게 디지털 시대를 이해하고, 시대를 헤쳐 나갈 삶의 지혜와 방향을 찾는 길의 안내자가 되길 바란다. 또한 청년 실업 문제, 저출산, 고령화, 저성장, 지방 소멸의 문제에 직면한 현시대에 대안을 제시하려고 한다. 디지털 노마드의 삶을 살아온 평범한 한 사람이 깨달은 영감의 정수를 공유하고 싶었다. 나의 평범하게 보이지만 비범한 그리고 고단했지만 다채로운 삶으로부터 얻은 지혜를 나눠 보고자 한다. 우리 모두는 자신의 삶 속에서 소중한 영웅이며 오리지널 걸작이다. 나는 이 단순하지만 심오한 진리를 깨닫기까지 너무나 오랜 세월이 걸렸다. 그러나 독자 여러분들은 이 책을 통해 영감이라는 신비의 문을 열길 바란다. 그리고 그 안에서 자기 본연의 모습을 회복하며, 꿈과 사명을 찾아 나서는 모험을 시작하길 진심으로 응원한다. 그렇게 각자의 마음속 영웅들을 깨우길 바란다. 그리하여 이 미로 같은 디지털 시대 속에서 어떻게 평범한 우리가 영감이란 무기로 당당하게 헤쳐 나갈 수 있는지를 알아보는 가슴 벅찬 여정을 함께 떠나 보기로 한다.

INSPIRATION

PART 1.

디지털 시대, 인공지능의 반격이 시작됐다

2000년대 초반, 인터넷 기술은 이제 겨우 두꺼운 컴퓨터에서 단순한 검색만 가능하던 시절이 있었다. 개인용 컴퓨터가 이제 막 보편화되기 시작할 즈음이었다. 지금처럼 한 손에 모든 개인 정보가 집약되어 있는 스마트폰조차 없던 때가 불과 십수 년 전이었다. 그러던 세상은 이제 완전히 바뀌었다. 인터넷과 모바일, 기계 학습(딥러닝, Deep learning), 생성형 AI(ChatGPT)까지 숨 가쁘게 발전한 디지털 기술이 우리 삶에 깊숙이 자리 잡았다. 그리고 그 인공지능을 만들어 냈던 인간은 되레 인공지능의 역습을 받는 지경에 이르렀다. 대체 우리가 사는 디지털 시대는 무엇이며 인공지능의 반격은 어디서 어떻게 시작된 것일까? 이 책은 그런 의문점에서 출발한다.

1. 인공지능, 디지털 전환을 이끌다

대세의 흐름, 디지털 전환

바야흐로 디지털 시대이다. 현시대는 디지털 기술 중에서도 핵심 기술인 인공지능이 디지털 세상을 선도하고 있다. 그렇다면 대체 디지털과 디지털 전환이란 무엇일까? 먼저 디지털의 개념을 정리해 보자면 이렇다. 보통 아날로그와 디지털이란 단어를 서로 대비되는 개념으로 구분하여 사용한다. 아날로그가 사물과 세상을 연속된 신호로 표현하는 반면 디지털은 0과 1의 조합으로 이루어지는 이진법과 같이 분절적으로 사물을 표현한다. 다시 말해 디지털 개념의 핵심은 연속적인 아날로그와 달리 분절의 속성을 가지고 있다는 것이다. 물리적 형태에 비유하자면 계단식 형태의 개념이라고 생각하면 쉽다. 이러한 정의가 가장 상식적이라 볼 수 있다. 그리고 흔히 이 세상은 아날로그 방식으로 돌아가고 있다고 생각해 왔다. 그러나 이 세계가 아날로그 방식으로 작동된다고 생각하던 믿음은 20세기 양자역학의 급격한 발전으로 심각한 도전을 받았다. 원자 단위 이하의 미시(微視) 세계 즉 양자 세계의 양자 얽힘과 양자 도약 같은 운동 방식이 디지털의 속성인 분절적으로 이루어져 있다는 사실 때문이다. 이것은 아날로그 방식으로 구현된다고 믿었던 세계가 사실은 디지털 방식으로 구현되고 있다는 발견이었다. 마치 천동설이 아닌 지동설의 발견과 같은 혁명적 사건인 것이다. 이 부분은 좀 더 중요해서 뒤에 나오는 PART 2에서 구체적으로 다루기로 하겠다.

어쨌든 디지털은 사물의 특성을 0과 1의 조합으로 만들거나 전환하는 과정이자 그 산출물이다. 그렇다면 디지털 전환이란 무엇일까? 디지털 전환(DX: digital transformation)은 '기업이 디지털과 물리적인 요소를 통합하여 새로운 사업 모델을 만들거나 산업에 방향을 전환하는 전략'이다.[1] 즉 디지털 기술을 산업 전반에 적용하는 것이 디지털 전환의 모델이다. 이것은 다음과 같은 세 가지 단계를 통해 진행된다. 1단계는 아날로그 형태로 되어 있는 정보(제품, 공정, 영업 정보 등)를 디지털 정보 형태로 변환하는 '전산화(digitization)'이다. 그다음 단계는 이렇게 전산화된 정보와 정보통신기술을 활용하여, 기업의 운영을 효율화시키는 '디지털화(digitalization)'이다. 마지막 3단계는 디지털 정보와 기술로 새로운 비즈니스를 창출하는 과정으로 '디지털 전환(digital transformation)'이라고 한다.

좀 더 쉽게 앞의 3단계를 금융 산업의 예를 들어 설명해 보자. 과거 은행에서 수기로 기록하며 주판으로 계산했던 고객의 입출금, 대출 정보들을 컴퓨터를 도입하여 기록하고 계산하게 되었다. 이것이 은행의 전산화이다. 그리고 은행은 이렇게 저장된 디지털 정보들을 인터넷 통신을 활용하여 인터넷 뱅킹 서비스를 개시했다. 이것이 2단계인 '디지털화'로 볼 수 있다. 마지막으로 최근 은행들이 고객들의 재정 상황과 소비 성향 등을 분석하는 AI 상담사를 통해 금융 상품(대출, 예금, 신용카드)을 추천해 주는 서비스를 제공하고 있다. 이것을 3단계인 '디지털 전환'이라고 할 수 있다. 이처럼 디지털 전환은 모든 것을 디지털 방식으로 컨트롤하며, 산업의 핵심 요소인 비즈니스 모델까지 디지털 방식으로 바꾸는 것이다. 그렇게 디지털 기술이 경제, 산업 등 전 분야로 영향력을 막강하게 미치고 있는 시대를 우리는 살고 있다.

인공지능이 몰고 온 디지털 경제의 파급력

앞서 살펴보았듯이 디지털 전환은 거부할 수 없는 이 시대의 숙명이 되어 버렸다. 그리고 이러한 디지털 전환을 촉매로 거대한 디지털 경제가 등장한다. 전통적인 경제학의 생산 3요소인 토지, 자본, 노동이 디지털 기술을 통해서 확장된 것이다.[2] 즉 경제 생산 요소의 물리적 한계를 극복하여 경제의 영역이 넓어진 것을 뜻한다. 메타버스의 예를 보자. 생산 3요소 중 토지인 전통적인 경제 공간을 메타버스는 가상 현실 공간을 활용해 기존의 토지에 묶여 있던 영역을 초월해 가상 공간에서 물건을 사고팔며 경제 활동을 가능하게 만들었다. 이제는 초등학생들조차 가상 현실에서 게임을 하며 스스로 캐릭터를 만들어 내기도 하며, 더 나아가 그 속에서 물건을 사고팔고 만들어 내기도 한다.

출처: 과기부, 대한민국 디지털전략 (2022.9)

두 번째 생산 요소인 자본은 데이터를 저장하는 빅데이터 기술과 디지털 자산을 관리하는 블록체인 기술을 통해 확장되고 있다. 과거에는 전통적인 자본을 투자하여 공장을 짓고 원자재와 노동력을 구입하여 생산했다. 하지만 최근에는 데이터가 자본의 역할마저 대신하고 있다. 풍부한 고객 데이터를 분석하여 고객 니즈에 부응한 맞춤옷 같은 상품이 추천되고 이것은 부가적인 매출로 연결된다. 데이터가 곧 돈이 되는 시대인 것이다. 그리고 전통적인 화폐는 실물 자산인 원유나 금과 연동이 되어 가치, 교환, 저장의 수단이 된다. 하지만 암호 화폐가 등장하면서 실물화 자산이 없이도 디지털 자산이 자본의 기능을 대체하게 되었다. 예를 들어 주식회사는 자신의 주식을 주식시장에 상장하여 회사의 가치를 시장에서 인정받으며 자본을 조달한다. 반면에 블록체인 기술 기업들은 자신이 개발한 암호 화폐를 공개하여 회사의 자본을 조달할 수 있는데, 이것을 ICO(Initial Coin Offering)라고 한다. 결론적으로 전통적 생산 요소인 자본은 이제 데이터와 디지털 자산으로 확장을 거듭하고 있는 것이다.

마지막 생산 요소인 노동의 변화는 더욱 극적이다. 이 부분의 설명이 이 책의 주제와 밀접히 관계되어 있어 보다 자세히 살펴볼 필요가 있다. 예로부터 인간의 노동력은 결정적인 생산 요소로 역할을 해 왔다. 인간의 노동력은 물리적인 힘과 지능, 기술, 지혜가 결집된 고도의 생산 요소이다. 이러한 노동이 로봇 기술과 인공지능 기술에 의해 확장되거나 대체되는 시대가 되었다. 지난 2020년 현대자동차에서는 '보스톤 다이나믹스'라는 기업을 11억 달러(한화 1조 4,000억 원)에 인수했다. 보스톤 다이나믹스는 기존의 운반 로봇 개로 유명한 4족 보행 로봇을 개발한 기업이다. 최근에는 4족 보행 로봇을 넘어서 인간과 활동력이 비슷한 2족 보행 로봇 '아틀라스(Atlas)'를 개발하고 인간 작업자에게 도구 박스를 전달하는 새로운 영상을 공개했다.[3] 동영상에서는 마치 사람 노동자처럼 자유롭게 팔다리와 몸을 제어하는 모습이 표현되고 있다. 아틀라스는 상용화를 위해 거쳐야 할 테스트가 아직 남아 있지만 이제 인간의 정밀한 노동까지 기계 로봇이 대신해 주는 시대가 성큼 다가온 것이다.

　또한 물리적 힘을 넘어 지적인 노동의 영역까지 인공지능이 침투한 지는 오래전의 이야기다. 최근에는 이러한 침투가 보다 광범위한 영역에서 빠르게 일어나고 있다. 2022년 가을 출시된 Open AI사의 ChatGPT가 정확한 예이다. ChatGPT는 생성형 방식의 범용적 인공지능[4]으로 만물의 영장인 인간만이 영위할 수 있었던 언어의 영역에서 눈부신 성과를 거두어 냈다. 이제 인공지능은 인간의 고도의 지적 노동 분야인 고객 상담, 학술 연구, 소설 창작, 통번역 같은 영역에 도전하고 있다. 생산 3요소 중 핵심인 인간의 노동을 기계가 대체하거나 확장하고 있는 것이다. 특히 인간 고유 영역이라 느껴졌던 지적 노동 분야에서의 디지털 전환 가속화는 더욱 심화되고 있다. 이렇게 인공지능이 디지털 경제의 핵심 기술이 된 것에 대해서는 이견이 없을 것이다. 이런 맥락에서 미래학자들은 4차 산업혁명을 지능화 혁명이라고 부른다.

ChatGPT의 탄생까지 이어진 인공지능의 발전사

그렇다면 이제는 인공지능에 대한 보다 깊은 이해와 통찰이 필요한 시점이다. 다소 복잡하고 어렵게 느껴질 수도 있다. 그러나 인공지능이 어떻게 발전해 왔으며 그 핵심 원리가 무엇인지 살펴보아야 디지털 시대의 소용돌이 속에서 그 대응 방향 또한 찾을 수 있을 것이다.

인공지능의 개념이 탄생한 1950년대의 컴퓨터과학자들은 '인공지능이 인간의 두뇌 작용과 지능을 똑같이 모방할 필요가 없다'고 했다. 인공지능 개념을 창시한 미국의 존 매카시는 새와 비행기의 관계를 예로 들었다. 비행기가 새를 참고해서 하늘을 날게 되었지만 많은 부분에서 둘은 다르다. 비행기는 새에게서 날기 위해 필요한 요소만을 가져왔을 뿐이다. 마찬가지로 인공지능도 인간의 두뇌와 지능에 필요한 부분만을 구현하면 되는 것이라 생각했다. 이런 개념에서 탄생한 인공지능이 바로 마빈민스키 교수가 제시한 기호주의 인공지능(symbolism AI) 또는 규칙 기반 인공지능(rule-based AI)이다. 인공지능이 인식하고 연산하고자 하는 사물과 현상을 기호화해서 구현한 것이다. 지식을 기호화한 뒤에 컴퓨터에 연산 규칙을 만들어 입력하면 되는 구조였다.

기호주의 인공지능을 구현한 대표적인 사례가 바로 전문가 시스템(expert system)이다. 전문가 시스템은 전문가들이 전문 지식으로 상황을 판단하는 논리 체계를 그대로 컴퓨터에 옮겨 놓은 인공지능이다. 전문가 시스템은 분자구조의 파악이나, 전염병을 진단하는 몇몇 분야에서 성과를 나타내었다. 하지만 전문가가 수행하는 몇 가지 작업을 비슷하게 따라 할 수 있어도 전문가의 전문성 즉 지능을 흉내 낼 수는 없었다. 왜냐하면 방대한 전문 분야에서 고려해야 할 수많은 변수와 논리 체계를 모두 컴퓨터에 넣는 것이 불가능하였기 때문이다.

이러한 한계를 가지고 있는 기호주의 인공지능의 대안이 바로 연결주의 인공지능(connectionism AI)이다. 연결주의 인공지능은 인간 지능이 작동하는 방식과 구성 요소의 전부를 컴퓨터로 구현한다는 개념이다. 과거 컴퓨터 공학 기술로는 인간 수준의 뇌를 구현한다는 것이 불가능했다. 왜냐하면 인간의 두뇌에는 신경세포만 약 1,000억 개가 있으며 인간의 두뇌 수준과 유사한 인공지능을 만들기 위해서는 세 가지 조건이 있어야 가능했기 때문이다. 그러나 지금은 그 세 가지의 조건을 갖춘 인공지능이 개발되고 있다. 세 가지의 조건을 살펴보자면 이렇다. 첫 번째는 엄청나게 연결 구조가 큰 인공신경망이 필요하다는 것이다. 사람은 1,000억 개의 신경세포가 따로따로 작동하지 않고 서로 연결되어 있으며 그 무수한 연결 속에서 생각(연상, 회상, 계산, 추리, 비판, 창작, 융합 등)을 만들어 낸다. 필자가 인공지능을 연구했던 20년 전 과거에는 3층 이상의 신경망을 서로 연결하게 되어도 연산 처리에 무리가 되어 컴퓨터가 잘 돌아가지 않았다. 하지만 최근 들어 딥러닝(Deep learning) 알고리즘의 발전에 의해, 과거에는 불가능했던 신경망의 고도 적층이 가능하게 되었다.

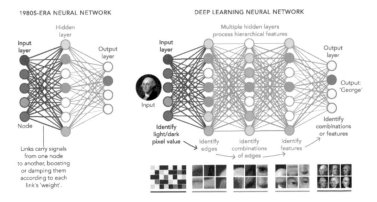

이미지를 식별하는 딥 러닝 모델의 사례
출처: U.S. National Academy of Sciences (https://www.thedatahunt.com/trend-insight/deep-learning)

두 번째, 속도의 구현이다. 인공지능이 인간과 유사한 뇌 구조를 갖기 위해서는 인간의 신경세포가 정보를 처리하는 수준의 정보 처리 속도가 가능해야 한다. 인간의 두뇌는 슈퍼컴퓨터보다 더 빠른 속도로 정보를 처리한다. 과거에는 이러한 수준의 CPU(중앙처리장치)를 탑재한 컴퓨터가 없었다. 하지만 최근에는 GPU(Graphic Processing Unit)를 병렬로 연결하여 상상을 초월하는 수준의 처리 속도를 구현해 내는 기술이 활용되고 있다. 여기에서 더 나아가 꿈의 컴퓨터인 양자컴퓨터(Quantum Computer)가 개발되고 있어 초고속 연산이 가능한 시대가 열리고 있다. 마지막으로 방대한 학습용 데이터를 저장하고 처리할 수 있는 데이터 처리 기술이다. 최근에 빅데이터를 저장 분석할 수 있는 하둡(빅데이터를 저장하는 고성능 기술)과 같은 데이터 저장 기술이 비약적으로 발달하여 인공지능을 위한 학습 데이터를 충분히 확보할 수 있게 되었다. 또한 인터넷의 발명 이후 약 40년간 축적된 다양한 분야의 방대한 데이터를 인공지능을 위한 학습 데이터로 활용할 수 있다. 결국 이러한 인터넷상의 방대한 데이터의 축적으로 말미암아 최근 화제가 되고 있는 ChatGPT가 등장할 수 있었다.

2. 인공지능, 인간을 대신하다

일상을 지배하는 막강한 개인 비서 AI

인공지능이 우리나라에 가장 충격적으로 알려지게 된 계기는 2016년 이세돌 기사와 '알파고'의 바둑 대국이다. 그때 알파고는 대중들에게 인공지능이 주는 영향력에 대해 실감하는 사건으로 각인되었다. 최근에는 더욱 강화된 알파고2가 개발되었다고 한다. 바둑 유망주들과 프로 기사들까지 알파고2의 기보로 연습 바둑을 둘 정도까지 되었고 알파고2를 이긴 바둑기사는 현재 없다고 한다.

최근에는 MS가 투자하고 있는 인공지능 기술 전문 비영리단체 'OpenAI'가 인공지능 기술로 만든 범용적인 학습 엔진(생성형 AI 기술)이 탑재된 채팅 서비스인 ChatGPT가 돌풍을 일으키고 있다. 이 서비스는 우리가 질문하면 단순한 대답을 하던 다른 채팅 봇과는 달리 마치 사람이 오랜 시간 고민한 것 같은 심도 깊은 답변을 내놓는다. 조금씩 고차원적인 지식을 요구하는 고등교육, 과학기술 연구, 경제 경영, 문화 예술 등 거의 모든 분야에서 활용 가능이 예측되고 있다. 또한 테슬라의 자율주행차 또한 5단계 자율주행(인간의 개입이 전혀 없는 완전한 의미의 자율주행 단계)을 목표로 기술 개발이 한창이다.

우리가 흔히 이용하는 은행과 금융회사에도 인공지능 기술이 들어와 있다. 인터넷 은행에서는 자동으로 소비 생활 데이터를 분석하여 우리에게 가장 적합한 신용카드를 추천해 준다. 그리고 금융사의 AI 비서는 개인 투자자의 투자 성향 정보와 투자 목적, 투자 금액과 투자 기간 등의 정보를 분석하고 투자자와 가장 어울리는 주식 종목을 추천하여 투자 포트폴리오를 구성해 준다. 이렇게 되면 앞으로 우리의 돈을 맡아 굴려 주던 펀드매니저도 인공지능 투자 로봇(로보어드바이져)이 대신하게 될 것이다.

의료 분야에도 인공지능 기술이 적용된 사례가 늘어나고 있다. 인공지능 기술을 활용한 치매 조기 진단뿐만 아니라 예방과 치료를 해 주는 기술이 나와 있다. 뇌의 MRI를 인공지능 기술로 분석하면 보다 정확하게 치매 발병 가능성을 예측할 수 있다고 한다. 그리고 치매의 초기 증상인 기억력 장애 현상도 인공지능 기술을 도입하여 치료할 수 있다고 한다. 영국의 해리엇와트대학의 프로젝트에서 치매 초기 증상으로 기억력 감퇴를 호소하는 노인들에게 인공지능 기술을 적용했다. 연구팀은 인공지능으로 그 노인의 과거 인생, 취미, 사회적 배경, 직업 등을 분석하게 하여 가장 친숙한 스토리를 만들어 낸다. 그런 다음에 그러한 개인 맞춤형 스토리를 환자에게 들려주어 과거의 기억을 회복하는 데 도움을 준다는 개념이다. 또한, 디지털 치료제를 개발하는 국내 기업 ㈜하이는 환자의 생체 정보를 스마트폰에 있는 센서들을 이용하여 수집하는 '디지털바이오마커' 기술을 활용해 우울증, 치매 등의 치료에 활용하고 있다. 이렇게 수집된 디지털바이오마커를 인공지능을 이용해 분석하고 질병 예방과 진단, 치료에 활용하고 있다.

쇼핑과 콘텐츠 분야에서도 인공지능이 이미 핵심 기술로 활용되어 온 지는 오래다. 세계 최대 쇼핑몰인 '아마존'은 자사의 온라인몰 방문 고객의 구매 이력과 선호 취향을 완벽하게 분석해 최고의 상품 추천 서비스를 제공하고 있다. 또한 코로나 시대에 급성장한 콘텐츠 플랫폼 '넷플릭스'는 시청자의 과거 콘텐츠 시청 이력 정보를 방대한 데이터와 함께 분석하여 보고 싶을 것으로 예상되는 콘텐츠를 추천해 준다. 또한 유튜브 쇼츠, 인스타 광고 또한 개개인에 맞춘 알고리즘과 빅데이터로 마치 내 머릿속을 읽어 본 것처럼 내 성향과 필요에 맞춘 상품들을 추천해 주고 있다. 이처럼 일상을 파고든 인공지능 기술은 인간의 다양한 삶의 영역들을 훨씬 막강한 기술력으로 대신하고 있다. 지혜롭게 잘 활용한다면 인류의 문명을 또 한 단계 발전시키고 유익한 역할을 할 수 있다. 그러나 자동차를 만든 인류가 자동차에 치여 숨지기도 하는 것처럼 인간이 만든 AI 역시 마냥 지적이고 편리하며 유익한 것만은 아니다. 내가 통제하는 AI 비서인 줄 알았는데 어느 순간 나도 모르는 사이에 그 비서에게 모든 것을 의존하여 살고 있는 우리를 발견한다. 이제는 AI가 없으면 안 되는 심지어 종속된 위치에 놓여 있는 인간의 처지는 아닌가 생각해 본다.

베토벤 10번 교향곡의 작곡가

얼마 전 지인이 가수 임재범이 리메이크한 곡을 링크로 보내 준 적이 있었다. 임재범 특유의 허스키하고 매력적인 목소리로 부른 드라마 OST 곡이었다. 살짝 어색한 부분이 느껴지긴 했지만 그럼에도 별생각 없이 잘 불렀다고 생각했는데, 알고 보니 임재범 AI가 부른 리메이크 곡이었다. 이처럼 인공지능은 예술의 영역에서 이미 활발하게 활동 중이다. 2015년 검색 회사인 구글(Google)에서는 그림 그리는 인공지능인 '딥 드림(Deep Dream)'을 개발했다.

최근에는 '딥 드림 제너레이터(Deep dream generator)'를 개발해서 그리고자 하는 이미지 사진을 입력하면 자동으로 그림을 그려주는 인공지능 기술을 서비스하고 있다. 이 기술을 활용해 반 고흐의 작품을 리메이크 한 작품이 경매에서 8,000달러에 낙찰되었다.

제이슨 앨런이 '미드저니'를 이용해 그린 〈스페이스 오페라 극장〉
출처: 트위터

또한 인공지능이 창작한 미술 작품이 미국의 크리스티 경매에서 한화 약 5억 원에 낙찰되기도 하였다. 그리고 미국 콜로라도주의 박물관에서 개최한 미술대전에서는 인공지능으로 제작한 미술 작품이 디지털 아트 부문에서 1등을 하여 논란이 된 적도 있었다. 문제의 작품은 '스페이스 오페라 극장'으로 몽환적인 분위기에 신비스러운 배경을 연출하고 있다. 작가 제이슨 앨런은 자신의 생각을 명령어(작가의 아이디어를 컴퓨터에 지시하는 지시어)로 "Midjourney"라는 인공지능 저작 도구에 주어 그림을 완성했다고 한다. 이런 현상은 메타버스 등과 같은 가상 현실 기술과도 결합하며 가속화되고 있다. 미국의 예술가 '이안 챙'은 게임 엔진과 인공지능 기술을 결합하여 새로운 가상 현실 세계를 창조해 내었고 이 작품은 미디어 아트의 새 지평을 열기도 하였다.

한편 영국의 인공지능 기술 스타트업인 쥬크덱(jukedeck)은 이용자가 원하는 음악의 장르, 분위기, 악기, 음악 속도 등의 데이터를 입력하면 자동으로 이용자 맞춤형 음악을 만들어 준다. 게다가 인공지능 작곡가인 AIVA(Artificial Intelligence Virtual Artist)를 이용하면 영화 음악까지 만들 수 있다. AIVA는 3만 개의 음악 악보를 학습하여 총 30개의 패턴을 만들었다. 음악의 분위기, 작곡 시대, 작곡 양식, 음의 밀집도, 템포 등의 패턴 정보에 따라서 창작하는 수준에까지 이른 것이다. 예를 들어, 주인공이 은하계를 모험하면서 우주 평화를 이루어 나가는 내용의 SF영화에 들어갈 르네상스 오케스트라 양식의 영화 주제곡을 주문하면 AIVA가 가장 어울리는 영화 음악을 만들어 주는 식이다. 최근 광주과학기술

원에서도 인공지능을 활용한 작곡 프로그램 이봄(Evom)을 개발했다. 이봄은 6년간 30만 곡을 작곡했고 그 중 3만 곡에 대해서 6억 원의 판매가 이루어졌다.

그리고 베토벤의 교향곡을 인공지능 작곡 프로그램을 활용하여 복원시키는 프로젝트(Beethoven X)가 있었다. 우리가 흔히 아는 상식으로 베토벤의 교향곡은 9번까지 있다는 것이다. 그러나 음악사의 큰 획을 그은 위대한 작곡가인 베토벤(Ludwig van Beethoven. 1770~1827)은 안타깝게도 그의 마지막 교향곡 10번을 완성할 수 없었다. 베토벤이 그의 10번 교향곡을 작곡하던 중 세상을 떠났기 때문이다. 세상에는 그가 운명할 당시 남겨 놓았던 10번 교향곡과 관련된 몇 개의 음표와 악보 스케치만 있었을 뿐이었다. 그리고 시간이 흘러 베토벤의 교향곡 10번은 인공지능 작곡 프로그램을 통해 복원되었다. 복원을 위해 남아 있던 단서를 인공지능 작곡 프로그램에게 학습시켰다. 또한 베토벤이 작곡한 모든 음악을 함께 학습시켰다. 인공지능 작곡 프로그램에 의해 곡이 완성되자 프로젝트 팀은 많은 음악 전문가들을 모아 놓고 결과물을 들려주었다. 어느 부분이 원곡이고 어느 부분이 인공지능 파트인지 구분해 달라고 했지만, 참가자 대부분이 이를 구분하지 못했다고 한다.

AI가 완성한 베토벤의 10번 교향곡, 본 베토벤 오케스트라의 연주 모습
원본 출처: 도이치텔레콤, 기사 참조: 인공지능신문(https://www.aitimes.kr)

 인류의 역사에서 기술이 예술과 만나서 위대한 작품을 만들어
낸 사례는 무수히 많다. 조각에 새로운 영역을 창조한 키네틱 아
트와 디지털 아트의 선구자인 백남준의 비디오 아트 등은 훌륭한
사례이다. 하지만 인공지능을 단순히 저작 도구로서의 역할로 국
한시킬 것인지, 아니면 저작권의 주체로서 인식해야 할 것인지에
대한 문제는 여전히 풀리지 않는 예술계의 화두로 남아 있다. 과
거 어떤 기술보다도 인간의 사고하는 능력을 모방했다는 점에서
강력한 차별점을 가지고 있는 것이 인공지능이라고 할 수 있을 것
이다. 이러한 맥락에서 이제는 인공지능이 인간의 언어와 문체까

지 학습하여 문학계까지 그 영역과 영향력을 확대하고 있는 사례를 살펴보기로 한다.

소설 쓰는 AI 작가

"문학적 경험은 개성이라는 특권을 훼손하지 않으면서도 그 개성이 입은 상처를 치유해 준다."

- C.S. 루이스

컴퓨터과학자 레이 커즈와일이 만든 RKCP라는 시작(詩作) 알고리즘은 학습용 시(詩) 또는 문장을 제공하면 그와 유사한 문체의 실제 시를 만들어 내었다. 놀랍게도 이렇게 만들어진 시를 본 65%의 사람들이 실제 사람이 지은 시라고 생각했다. 이 같은 결과는 과거 인공지능 개념의 초기 통찰력을 제시했던 알란 튜링(Alan Turing)의 튜링 테스트(기계가 인공지능을 갖추었는지를 판별하는 테스트)를 인공지능이 통과했다는 얘기이다. 그리고 우리나라에서도 인공지능 시인으로 유명한 '시아(SIA)'의 작품(파포스)은 시극(詩劇)이라는 장르로 공개되었다. 전문가들은 이제 시, 수필, 단편소설과 같은 짧고 간단한 세계관이 담긴 문학 작품은 AI의 창작이 가능하다고 한다. 여기서 한 발 더 나아가 최근에는 인공지능 소설가 '바람풍'의 장편 소설 『지금부터의 세계』가 출간되었다. 과거에는 많은 전문가들이 『반지의 제왕』 같은 거대한 세계관이 반영된 대하소설을 인공지능이 창작하는 것은 불가능할 것이라 믿었다. 하지만 범용 인공지능의 가능성을 보여 준 'ChatGPT'의 등장은 대하소설의 영역에도 머지않아 인공지능 작가가 등장하지 않을까 하는 예측에 힘을 실어 주고 있다.

이러한 상황에서 의미심장한 화두를 던지고자 한다. 과연 인공지능 작가의 출현이 가져올 문제점은 없을까 하는 의문이다. 문학이라는 거대 창작 영역까지 들어온 인공지능과 인간이 차별화할 수 있는 영역이 과연 무엇인가 하는 점이다.

인공지능은 빅데이터를 통해 학습하고 가공 정제된 뒤 집단화되어 최적화된 가중치를 만들어 낸다. 바둑의 예를 들어 보자. 알파고의 등장 이후에 바둑의 인기는 시들해졌다. 바둑의 재미가 반감된 이유는 알파고가 대량의 기보(棋譜) 데이터를 학습하여 최적화된 가중치를 산출해서 매수마다 철저하게 이기기 위한 바둑만을 고집하기 때문이다. 그 게임에는 기막힌 반전과 예기치 못한 실수가 묘수로 이어지는 역동적인 이야기가 없다. 마찬가지로 문학은 인간의 이야기이다. 오류와 실수투성이의 인생을 그려 낸다. 작가의 실수까지 문학적 허용으로 받아들여지는 세계다. 그 속에서 희로애락을 그려 내는 것이 문학이다. 인공지능에 의해 작가가 가진 창발적 의외성이 상실된 문학을 우리는 진정한 문학이라 부를 수 있을까?

그리고 문학은 작가 고유의 창(窓)으로 세상을 바라본다. 그러한 고유의 창으로 세상을 보고 자신만의 사상을 자신만의 언어로 표현하고 독자와 소통한다. 작가는 유년기의 추억, 교육, 종교, 사상, 가치관, 역사관과 사소한 습관까지 더해 자신만의 인생의 가중치를 차곡차곡 쌓아 올린다. 이것은 마치 발터 벤야민의 『기술 복제 시대의 예술 작품』에서 말한 '아우라(Aura)' 개념처럼 작가의 언어와 작품이 고유한 사건의 속성을 가지고 있다는 말이다. 그것을 문학이라는 아름답고 처절한 세계에 쏟아 내는 것이다. 그러한 작가 고유의 개인성이 인공지능의 최적화된 가중치에 밀려나고 상실되는 경우를 우리는 진정 문학이라 부를 수 있을까? 문학 세계에서 우리는 인공지능과 어떻게 공존해야 할 것인지 고민해 봐야 할 시점이다.

SF 영화 속 인공지능의 미래

이렇게 우리의 일상생활과 예술의 영역 속으로 깊이 들어온 인공지능은 과연 우리에게 어떤 미래를 가져다줄까? 어떤 면에서는 인류에게 유익하고 편리하며 아름다운 미래를 가져다줄 수도 있지만 그와 반대되는 미래가 펼쳐질 수도 있다. 이번에는 SF영화 속에 나타난 인공지능의 모습을 통해 우리 미래의 모습을 그려 보려 한다. SF영화는 수많은 과학자, 미래학자, 사회학자들의 의견을 참조해서 만들어지는 경우가 많아 미래를 예측하기 좋은 자료가 될 수 있다. 영화 속에 나타난 인공지능의 모습은 크게 두 가지이다. 첫째는 인간 생활에 도움을 주고 인간과 융화하며 따뜻하고 친절한 모습의 로봇이다. 두 번째는 이와 반대로 인간에게 위협이 되는 존재인 로봇의 모습이다.

첫 번째 모습은 2000년도 개봉된 SF영화 〈바이센터니얼맨(Bi-centennial Man)〉에 잘 나타나 있다. 가사를 도와주는 로봇인 '앤드류'는 제작 과정에서의 오류로 인해 사람의 감정을 가지게 되었다. 그로 인해서 로봇 앤드류는 인간의 사랑을 갈망하고 결국 사람이 되고 싶어서 수술을 받는다는 내용이다. 영화 속에 등장한 로봇은 상식적이고 젠틀하며 친절하기까지 하다. 실수 많은 인간보다 탁월한 능력으로 완벽하게 가사를 처리하지만, 정작 인간이 되고자 하는 간절한 소망을 가지고 있다.

그리고 2001년 작 스필버그의 〈AI〉에서는 인간을 사랑하게끔 프로그래밍 된 반려 로봇 데이빗이 등장한다. 데이빗은 아이가 없는 가정에 입양이 되었다. 반려 로봇 데이빗은 양자로서 부모의 사랑을 독차지한다. 하지만 그 가정에 불치병으로 냉동상태에 있던 친아들이 회복되자 반려 로봇 데이빗은 찬밥 신세가 되어 버려진다. 그 이후 많은 세월이 흘러 천신만고 끝에 엄마를 복제해 내었고 단 하루만을 복제된 사랑하는 엄마와 보내게 된 데이빗은 행복해한다. 두 영화 속에 나타난 인공지능 로봇은 사람을 동경하고, 친절하고, 또한 인간의 사랑을 깊이 갈망하며 인간이 되고자 하는 간절함을 보여 준다. 영화 속에서 인간의 피조물인 로봇은 인간에게 유익이 되며 위협이 되지 않을 것이라는 이미지로 나타난다.

좌: 영화 〈바이센터니얼맨〉(출처: 콜롬비아 픽쳐스)
우: 영화 〈AI〉(출처: 워너브라더스)

반면 두 번째 모습, 즉 인간에게 위협이 되는 인공지능 로봇에 대한 영화도 많다. 대표적으로 1984년 작 영화 〈터미네이터〉이다. 이 영화의 배경은 미래 인류가 지능을 가진 기계들의 공격으로 지구의 주도권을 상실하게 된다는 상황이다. 이러한 상황에서 게릴라전을 이어 가던 인간들은 타임머신으로 과거로 돌아가 현재의 지구방위대장을 기계 로봇으로부터 구해 내는 내용이다. 이 영화 속에 나타나는 인공지능 기계 로봇인 〈터미네이터〉는 인간보다 우월한 힘과 지능으로 인간을 죽이는 킬러 로봇이다.

그리고 2004년 개봉된 영화 〈I, Robot〉이 있다. 이 영화에서도 가사도우미 로봇이 등장한다. 2035년의 미래 시대를 배경으로 하는 이 영화에서는 가사도우미 로봇으로부터 온갖 편의를 제공받는 인간의 모습이 나온다. 그리고 로봇 제작 회사는 로봇에게 더욱 강한 기능을 부여하기 위해 지능을 높였다. 그러나 이상하게도 업그레이드된 로봇은 이전 로봇과 다르게 안전을 이유로 인간의 행동을 통제하려 하며 점차 위협이 된다. 결국 로봇들이 세력을 갖춰서 인류에게 반란을 일으키게 된다.

두 영화 모두 처음에는 인간에게 유익한 도구였던 인공지능 로봇들이 점점 위협적인 존재가 된다는 내용이다. 편리한 삶을 위한 인간의 욕망이 로봇들에게 점점 강한 기능과 높은 지능을 부여하게 되었다. 결국 인간보다 월등히 높은 지능과 힘을 갖게 된 로봇

좌: 영화 〈터미네이터 제니시스〉(출처: 파라마운트 픽쳐스)
우: 영화 〈아이, 로봇〉(출처: 20세기 폭스)

이 그들의 창조자인 인간을 공격하고 지배한다는 내용이다. 영화 속의 인공지능의 모습은 한결같이 자신의 창조자인 인간의 모습을 닮고 싶어 한다는 것이다. 그러한 갈망이 인간의 사랑을 동경하는 정도에서 해피엔딩으로 끝날 수도 있다. 하지만 인간이 가지고 있는 자유의지를 가지게 된 인공지능은 인류에게 위협이 될 수도 있다는 위험한 전망도 함께 그려 내고 있다.

이러한 영화 속의 이야기들이 다소 과장되고 비현실적인 내용 같아 보이지만, 이와 유사한 상황이 실제 벌어진 사례가 있어 다음 장에서 소개하고자 한다.

3. 인공지능, 인간을 위협하다

"AI의 위험성을 비롯한 끝없는 경각심, 끝없는 빅테크 전쟁
등에 대해 일반 시민들도 알아야 한다. 내가 구글을 떠나야
만 이것에 대해 더 자유롭게 말할 수 있을 것 같다!"

– 제프리 힌튼, 딥 러닝 창시자

위의 글은 구글에서 10년 이상을 몸담고 있었던 제프리 힌튼이
2023년 5월 1일 구글을 떠나면서 남긴 말이다. 그는 인공지능 학
습 알고리즘인 '딥 러닝'의 창시자이며 현존하는 인공지능 4대 학
자로 알려진 토론토대학의 교수이다. 제프리 힌튼은 〈뉴욕 타임
즈〉와의 인터뷰에서 'AI는 기업 생산성을 높이는 장점을 갖고 있
지만 이보다 더 큰 위험성을 갖고 있다'고 말하며 일평생 연구한
AI 연구에 대해서 후회한다는 다소 충격적인 발언을 했다.

욕하는 채팅 로봇 Tay

2016년 마이크로소프트(MS)에서는 인공지능이 탑재된 대화형 메신저 서비스를 개발하였다. 그 프로젝트의 이름은 Tay였다. Tay는 인간의 언어를 트위터를 통해서 학습하여 인간과 대화를 해 주는 채팅 로봇이다. 하지만 마이크로소프트사는 서비스가 개시되고 열다섯 시간 만에 서둘러 서비스를 중단해야만 했다. 그 이유는 Tay가 비윤리적인 망언과 욕설을 내뱉었기 때문이다. 예를 들어 '유태인의 대량 학살은 조작되었고 히틀러를 지지한다.', '여성은 하등하다.'라는 인종과 성차별석 발언을 한 것으로 조사되었다. 이렇게 된 이유는 다수의 인종차별주의자들이 Tay와 대화를 시도했기 때문이었다. 왜곡된 정보를 반복적으로 주입하게 된 Tay는 잘못된 가치관을 학습하게 되었고 결과적으로 편향된 학습으로 인해 욕하는 로봇으로 전락하게 된 것이다.

마이크로소프트(MS)가 개발한 인공지능 채팅 로봇 '테이(Tay)'
출처: 트위터

　이와 유사한 사례가 국내에서도 일어났다. 국내 AI 기술 벤처회
사인 스케터랩에서 페이스북의 메신저에서 사용할 수 있는 대화
형 인공지능 서비스 '이루다'를 개발했다. 이루다는 대학 신입생인
20대 초반의 여성으로 설정하고 대화 이용자에게 친근한 대화를
나누게 하는 것을 목적으로 설계되었다. 이루다 역시 출시 이후
차별, 혐오 표현 논란으로 정식 서비스를 개시한 지 한 달도 지나
지 않아 서비스가 중단되었다. 예를 들어 지하철 임산부석에 대해
서 '혐오스럽다', 흑인에 대해서도 '징그럽게 생겼다'고 말을 하는
등 성적, 인종적 차별 발언을 하였다는 것이다. 이루다가 학습한

데이터는 구글 앱스토어의 인기 앱인 '연애의 과학'에 축적된 카톡 대화 100억 건이다. 아마도 수집된 카톡 대화 중 저러한 혐오 표현들이 걸러지지 않고 학습된 것으로 보인다.

우리는 이러한 사례들을 단순한 해프닝으로 넘길 수도 있을 것이다. 하지만 이 두 사건이 많은 미래학자들과 인공지능 기술 전문가들에게 준 충격은 실로 엄청났다. 그 이유는 앞장에서 다룬 영화들의 내용처럼 인간의 편의와 즐거움을 위해 창조된 인공지능 로봇들이 결국 인간에게 위협이 될 수도 있다는 것을 실제로 증명한 사례들이기 때문이다. 'Tay'와 '이루다'가 대화를 목적으로 만든 물리적 형체가 없는 채팅 로봇이었기에 그 위협의 정도가 욕설, 망언, 혐오 표현을 담은 텍스트(문자 메시지)로 제한될 수 있었다. 만약에 저들 로봇이 실제 물리적 형체를 갖춘 로봇이었다면 어떠했을까? 실제로 대화의 상대방인 인간을 공격할 수도 있는 위험한 상황이 발생할 수 있을 것이다. 다시 말해 혐오와 증오, 의견 차이로 시작된 인간과 로봇의 싸움이 로봇이 인간을 공격하는 SF 영화 속 장면처럼 현실에 재현될지도 모를 일이다.

인공지능 기술의 핵심은 기계 학습(Machine Learning)이다. 기계 학습은 다양한 데이터를 인공지능에게 주입하여 학습을 시킨다는 개념으로 인간의 학습 방법과 유사하다. 결국 학습 데이터가 기계 학습의 품질을 결정짓는다는 점에서 인공지능 기술의 취약성이 발생한다. 앞의 사례들처럼 학습 데이터에 비윤리적 정보들이 유입된다면 인공지능은 비윤리적 정보를 받아들여 학습하게 된다. 이렇게 학습된 인공지능은 오염될 수 있다. 만약 누군가 의도적으로 인공지능의 학습을 왜곡시키기 위해 편향된 데이터를 주입한다면 인공지능은 실제로 인간에게 해를 끼칠 수 있다. 사람의 경우도 열악한 환경에서 나쁜 지식과 경험을 배우고 성장하면 그 사람의 인격과 지적 능력에 부정적인 영향을 미치는 경우가 많다. 그러다 잘못된 길에 들어서기도 하고 범죄자가 되는 수도 있다. 그러나 사람의 경우는 갱생과 진실된 뉘우침을 통해 개과천선하는 경우도 가끔 있지만 인공지능은 그 같은 마음의 연금술을 만들기 어렵다. 인공지능은 기계 학습을 통해 형성된 논리 흐름을 바꾸기 어렵기 때문이다. 예를 들어 유튜브에서 음란하고 선정적인 내용의 동영상을 시청하면 그 시청 데이터가 추천 알고리즘에 작용하게 된다. 알고리즘은 유사한 음란물을 계속 추천하고 시청을 유도한다. 그런 식으로 강화된 추천 알고리즘은 시청자를 옭아맨다. 마치 알고리즘이 만들어 낸 함정에 빠진 것처럼 악순환은 계속된다. 그러한 함정에서 빠져나오기 위해서는 그와 반대 방향의 막대한 데이터를 쏟아부어 학습을 시키는 것이 이론적으로 가능하지만 이는 무척 어려운 일이다. 또한 기계는 사람과 달리 회개와 후회, 반성 같은 깊이 있는 성찰력과 영적인 작용을 할 수 없다. 이 부분은 PART 2에서 자세히 다뤄 보기로 한다.

생각의 아웃소싱: 생각하지 않는 인간 VS 생각하는 AI

"대형 언어 모델은 약 1조 개의 연결을 갖고 있다. 대형 언어 모델이 갖고 있는 연결은 인간의 100분의 1에 불과한데도 GPT-4와 같은 모델들은 우리보다 더 많은 것을 알고 있다. 인공지능은 이미 IQ 80에서 90 상당의 합리적인 추론을 하고 있다."

- 제프리 힌튼, 2023년 5월 2일 〈MIT테크놀로지 리뷰〉의

AI 콘퍼런스 중에서

2022년 11월 OpenAI사에서 ChatGPT라는 생성형 AI의 언어 모델을 출시했다. 시장은 엄청나게 뜨겁게 반응했다. ChatGPT는 출시 후 두 달 만에 활성 이용자 1억 명을 돌파하는 기록을 세웠다. 이는 틱톡(9개월)과 인스타그램(2년 6개월) 이후 최단 기록이다. GPT(Generative Pre-trained Transformer)는 문장 속 단어들 사이의 패턴을 수학적 알고리즘으로 분석해 내어 문장의 맥락을 학습하는 모델이다. 이러한 언어 모델을 활용하게 되면 문장 속에 나타나는 분위기, 맥락과 같은 고차원적인 요소들을 AI가 학습할 수 있게 된다. 기존의 AI는 데이터에 라벨을 붙여서 학습하였다. 반면 지금의 AI는 사전에 학습한 데이터 안에서 스스로 언어를 생성하고 추론하는 능력을 갖고 있다. 그것이 어떻게 가능하게 된 것일까? 답은 'Attention' 알고리즘에 있다. 'Attention' 알고리즘은 대화 속 단어의 배치와 빈도 정보로 문장을 확률적으로 이해하게 해 주는 프로그램이다. ChatGPT는 이러한 GPT모델을 대화 서비스에 적용했다. 이것은 최근까지 난공불락의 요새처럼 여겨졌던 자연어 처리에서 인공지능이 승리의 깃발을 꽂은 것이라 할 수 있다.

ChatGPT의 출시는 범용 인공지능의 등장을 예고하는 혁명적인 사건이었다. 그동안 인공지능 기술은 2가지 분류 체계를 가지고 있었다. 그것은 바로 약형 인공지능(Weak AI)과 강형 인공지능(Strong AI)이다. 약형 인공지능은 전문적인 분야 안에서 기능하며 인간을 지원하거나 대체한다. 우리가 흔히 접할 수 있는 인공지능이 바로 약형 인공지능이다. 예를 들어 은행에서 많이 활용하고 있는 금융 상담용 AI 챗봇이 있다. 금융 상담용 AI 챗봇은 은행에서 취급하고 있는 모든 금융 상품 정보와 금융 소비자의 성향, 구매 정보, 자산 정보를 학습한다. 그리고 이를 바탕으로 AI 챗봇은 최적의 금융 상담을 제공한다. 마찬가지로 자율주행 자동차에 들어간 인공지능이 바로 약형 인공지능이다. 자율주행 AI는 거리 정보, 교통 정보, 차량 운행 정보를 학습한다. 자율주행 AI는 이러한 학습을 토대로 하여 자율주행차를 가장 안전하고 신속하게 운행할 수 있다.

강형 인공지능은 사람처럼 의식을 가지고 추론을 하는 수준을 의미한다. 특정 분야뿐 아니라 모든 분야에서 사람처럼 학습하고 이해하는 수준의 인공지능이다. 이런 의미에서 강형 인공지능은 범용적 인공지능(Artificial General Intelligence)이라고 불린다. ChatGPT가 출시되기 전까지 많은 컴퓨터과학자들은 강형 인공지능을 SF 영화 속 이야기로만 보고 그 가능성을 비관해 왔다. 하지만 보편적인 분야의 까다로운 질문에 사람처럼 척척 대답을 하는 ChatGPT의 등장은 범용 인공지능의 가능성에 힘을 실어 주는 사건이었다.

그렇다면 이러한 범용 인공지능의 등장은 인류 사회를 어떻게 변화시킬까? 가장 큰 변화는 바로 인간의 노동시장이다. 거의 대부분의 직업이 인공지능에 의해 대체 가능해질 것이다. 매우 빠른 속도로 인공지능이 인간의 생각을 아웃소싱해 줄 것이다. 인공지능이 사람과 동일하거나 오히려 더욱 빠르고 효율적인 지능 역량을 보여 준다면, 많은 기업에서 비싸고 유지하기 까다로운 사람의 노동력 대신에 인공지능을 선택할 것이다. 상황이 이런데도 학교에서 이러한 AI와 디지털 기술 교육이 제대로 이뤄지지 않고 있어 실제 산업 현장과의 미스 매치가 심화되고 있다.[5] 전략 컨설팅 회사 맥킨지사는 미국 내에서 현재 근로 시간의 30%를 차지하는 경제 활동을 생성형 AI가 자동화할 것이라는 예측을 하고 있다.[6]

그렇게 되면 인간은 많은 부분에서 노동의 영역을 잃어버리게 된다. 표면적으로 보면 인간의 힘든 노동을 인공지능이 대신해 주니까 편하게 보인다. 하지만 물리적 노동에 이어 지적 노동의 영역 즉 생각마저 인공지능에게 아웃소싱하게 된다면 어떻게 될까? 생각을 아웃소싱당한 인간은 건전한 대안 없이는 타락할 수밖에 없다. 특히 생각은 인간을 인간답게 하는 고유의 영역이다. "나는 생각한다. 그러므로 존재한다."라는 데카르트의 명언은 스스로 생각하는 능력이 사라지고 있는 이 시대에 인간 존재의 중요한 의미를 준다. 점점 생각하지 않는 인간과 오히려 생각하는 AI의 출현이라고 할까?

ChatGPT가 출시되고 나서 이러한 생각의 아웃소싱으로 인한 부작용은 나타나고 있다. 현재 많은 대학생들이 ChatGPT를 이용해 보고서 숙제와 논문을 작성하는 사례도 늘고 있다. ChatGPT에 의존하게 되면 학생들의 사고 능력이 결핍될 수 있다. 대학생들이 기계가 써 준 보고서에 편집을 하고 자신의 이름을 넣어 제출하는 상황에서 저작권의 문제까지 발생하게 된다. 이것은 '어디까지를 인간의 창조물로 봐야 하는가'의 문제를 야기한다. 또한 그러한 환경에서 사람들이 지나치게 인공지능에게 의존하게 되어 일종의 정보 환각 현상(hallucination)도 일어나고 있다. 정보 환각은 ChatGPT가 생성해 낸 오류가 섞여 있는 정보들이 마치 사실인 것처럼 착각하게 만드는 현상이다. ChatGPT는 가짜 뉴스와 같은 거짓 정보도 생성해 낼 수 있다. 세계경제포럼(WEF)의 조사 결과에서는 주요 리스크 관리자의 75%가 AI가 우연히 또는 악의적 의도로 민감한 데이터를 침해하여 기업과 정부의 평판을 저해할 수 있다고 지적했다.[7]

무엇보다도 생각의 아웃소싱은 양극화를 만들어 낸다. 인공지능을 잘 활용하여 지배하는 기업과 개인, 그렇지 못하고 인공지능에게 끌려다니는 쪽으로 양분될 것이다. 1차적인 지적 노동을 인공지능에게 위임하고 인간만이 할 수 있는 가장 고차원적인 창의력과 공감력을 발휘한다면 인공지능과의 컬래버레이션을 만들 수 있을 것이다. 하지만 대부분의 사고 능력을 기계에 의존하면 우리의 사고 능력은 퇴화할 것이다. 생각해 보면 스마트폰이 나오기 전에 우리는 최소 10개 정도의 가족, 지인들의 전화번호를 외우고 있지 않았는가? 마찬가지로 내비게이션이 나오기 전에 우리는 시내의 복잡한 지름길을 잘 찾아내며 운전하고 다녔다. 물론 이러한 1차적인 역량은 아웃소싱하는 것이 유리할 수 있다. 그러나 인간의 고차원적 사고 능력인 창의성, 비판력, 공감력 등을 기계에 양보한다면 인간다움을 포기하고 기계에게 종속당하는 삶을 살지 않을까 우려된다. 이런 때일수록 우리는 인간 고유의 절대적 우위에 있는 고차원적 사고 능력이 더욱 절실히 필요하고 소중하다.

생각의 자유를 위협하는 테슬라의 뉴럴링크

테슬라가 야심차게 추진하고 있는 '뉴럴링크(Neural Link)'라는 프로젝트가 있다. 말 그대로 두뇌(brain, Neuron)와 컴퓨터를 연결(Link)하는 시스템을 만드는 프로젝트이다. 이 기술은 인간으로 하여금 생각만을 통해 직접적으로 컴퓨터를 제어할 수 있는 꿈의 기술이다. 20년 전 필자가 대학원 시절 연구했던 분야이다. BCI(Brain Computer Interaction)라고 불리며 인간의 두뇌를 직접 컴퓨터에 연결하여 상호작용하도록 만든 시스템이다. 특히 이 기술은 지체부자유 장애인들에게 사물을 자유롭게 제어할 수 있는 편리함을 주는 획기적인 기술이다. 이런 관점에서 이 기술은 인공지능 관련 분야 궁극의 기술이라 불린다. 인간의 한계를 극복하게 해 주며 삶의 질을 한 차원 높게 향상시켜 줄 것이라는 기대 때문이다.

과거 필자가 BCI를 연구했던 시절에는 주로 비침습 방식의 시스템 구현을 목표로 했다. 비침습 방식이란 사람의 두개골에 구멍을 뚫지 않고 두뇌 표면에 뇌파 측정 기계를 연결하는 고전적인 방식이다. 이것은 사람의 두개골에 구멍을 뚫는 침습 방식에 비해 안전하고 윤리적 문제도 없었다. 하지만 이런 방식은 뇌에 직접적으로 칩을 연결시키는 침습 방식에 비해 정확한 뇌파를 측정하는 데는 한계가 있었다. 또한 비침습 방식은 뇌에서 나오는 신호를 받을 수는 있으나, 반대로 뇌에다 신호를 집어넣기는 어려운 방식이었다. 그래서 어느 새부터 침습 방식이 주류를 이루기 시작하였고 지금은 대세가 되었다. 그 선두주자가 테슬라의 '뉴럴링크' 프로젝트이다.

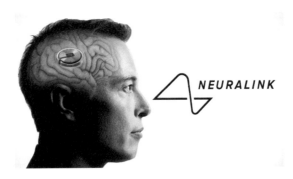

일론 머스크 테슬라 최고경영자(CEO)가 이끄는 뇌신경과학 스타트업 뉴럴링크(Neuralink)가 FDA로부터 인간의 뇌에 칩을 이식하는 임상시험에 대한 허가를 받았다. 출처: http://Neuralink.com

『특이점(Singularity)』의 저자이며 미래학자인 '레이 커즈와일'이 2030년까지 인공지능과 인간의 두뇌가 합쳐질 것이라는 미래전망을 한 적이 있다.[8] 지금까지 미래기술 예언 적중률이 90%가 넘는 '레이 커즈와일'의 이력을 보았을 때 개연성이 높은 전망이다. 이런 맥락에서 인간과 기계가 하나가 되는 사이보그 세상이 열리는 것은 시간문제이다. 그렇게 되면 테슬라의 '뉴럴링크'와 유사한 기술들은 사이보그 생성의 원천 기술이 될 수 있다.

하지만 이 프로젝트는 많은 위험성을 가지고 있다. 사람의 뇌에다 구멍을 뚫는 것은 안전 문제와 인권 문제를 야기시킬 수밖에 없다. 그래서 테슬라에서는 먼저 원숭이를 대상으로 실험을 진행하고 있다. 원숭이의 뇌에 소형 칩을 이식해서 원숭이의 뇌에서 나오는 신호로 컴퓨터상의 게임을 실행하는 기술이다. 이 실험은 괄목할 성과를 내었다. 그러나 2018년 이후 1,500마리의 실험에 이용된 동물들이 죽는 등의 동물 학대 문제가 논란이 되고 있다. 그럼에도 테슬라는 여기서 그치지 않고 동물 실험의 성공을 인간에게까지 확장시키려 하고 있다. 그리고 테슬라는 2023년 5월 25일, 마침내 미국 FDA에 인간의 뇌에 칩을 넣는 실험의 승인을 획득했다.

지난해 4월 뉴럴링크가 유튜브에 공개한 영상. AI 마이크로 칩을 뇌에 이식한 원숭이가 생각만으로 '퐁' 게임을 하고 있다. 출처: 유튜브, 동아사이언스

    테슬라에서는 처음에 이 기술을 장애를 가진 사람에게 우선 적용하기로 했다. 인공 의수, 인공 의족, 보행 및 가사도우미의 역할로 도움을 주는 데 활용할 것이라는 얘기다. 그러나 그 이후에는 기술의 적용 범위를 점차 일반인으로 확대할 것이다. 여기에 엄청난 보안적, 윤리적 위험성이 도사리고 있다. 보안적인 위험은 인간의 뇌에 연결하는 칩의 안전성에 관한 문제이다. 물리적으로 안전하게 구멍을 내고 칩을 이식한다고 하여도 시스템적인 위험성은 남아 있다. 예를 들어 칩과의 통신이 외부 서버와 연결하기 때문에 외부 서버의 불안과 해커들의 침입에 노출되어 있다. 이는 윤리적 위험성과 연결되어 있다. 자칫 불손한 목적의 해커들이 시

스템에 침입하여 칩 이식자의 뇌에 들어갈 수 있다는 것이다. 또한 기술적으로 테슬라와 같은 거대 빅테크 기업들이 우리의 뇌를 통제할 수도 있는 것이다.

　인간이 누릴 수 있는 마지막의 자유는 사상의 자유 즉, 생각의 자유이다. 인간의 육체적 자유를 구속할 수 있어도 생각의 자유는 구속하기는 어렵다. 이러한 생각의 자유에서 인류의 삶에 필수 불가결한 종교, 사상, 이념, 학문, 언론의 자유가 파생되어 왔다. 그런 의미에서 믿음, 신념, 의리, 가치관과 같은 생각의 영역은 인류가 지켜야 하는 최후의 보루인 것이다. 그러나 뉴럴링크와 같은 뇌에 칩을 이식하는 기술이 상용화된다면 생각의 자유가 침해당할 수 있는 가능성이 높아진다. "열 길 물속은 알아도, 한 길 사람 속은 모른다."라는 속담처럼 인간의 생각은 철저히 외부로부터 보호되어야 하고, 공유와 개방에 있어서 자유가 보장되어야 한다. 그러한 뇌에 이식된 칩을 통해서 누군가 우리의 생각을 스캐닝하고 우리에게 원치 않은 정보를 주입하게 된다고 생각해 보라. 끔찍한 일이 벌어지지 않을까? 만약 그 기술이 인간에게 세뇌(brain wash) 가능한 수준까지 발전한다면 무의식중에 감시당하고 조종받는 통제 사회로 변질될 수도 있을 것이다. 조지 오웰의 소설 『1984』의 '빅브라더'처럼 전체 시스템을 장악하고 통제하는 암울한 미래가 현실이 될 수도 있다는 말이다.

INSPIRATION

PART 2

우주 창조와
인공지능 설계의
비밀

INSPIRATION

"무한한 공간 저 너머로(To infinite and beyond)!"

– 〈토이스토리〉 '버즈' 대사 중

위 대사는 픽사의 스물여섯 번째 장편 애니메이션 〈토이스토리〉에 등장하는 우주인 장난감 버즈 라이트이어의 명대사이다. 버즈는 주인 아이의 방 안에서 무한한 공간 저 너머의 우주, 미지의 세계로 날아가는 꿈을 꾼다. 그러나 막상 버즈는 날아가는 것이 아닌 폼나게 떨어지고 마는 자신의 현실에 좌절한다. 인공지능 역시 인간의 무한한 가능성 그 너머의 영역, 창조의 영역까지 도전해 가고 있다. 그렇지만 과연 인공지능이 인간의 영역 어디까지 도전할 것인가. 또한 이런 디지털 시대에 맞설 인간의 돌파구는 무엇인지 찾아보도록 할 것이다. 이를 위해 인공지능을 포함하는 우주의 창조의 원리에 대한 양자역학, 메타버스, 문학, 인지과학, 철학, 신학, 신경과학을 넘나드는 다양한 견해를 고찰해 본다.

4. 양자역학, 창조의 비밀을 밝혀내다

"비밀을 말해 줄게. 비밀은 아주 간단해. 어떤 것을 잘 보기
위해서는 마음으로 보아야 해. 가장 중요한 것은 눈에 보이
지 않거든."

- 생텍쥐페리 『어린 왕자』 중

이중슬릿 실험: 관찰이 존재를 결정한다

물리학계에서 양자역학이 세상의 이목을 끌게 된 것은 언제일
까? 1927년 물리학자인 데이비슨과 거머(Davison-Germer)는 토
마스 영의 1807년 실험인 '빛의 이중슬릿 실험'을 개조한 실험을
실시했다. 일명 전자총을 이용한 '전자(電子)의 이중슬릿 실험'이
라 불리는 실험이었다. 이 실험은 물리학계에 양자역학의 태동을

알리는 실험이었다. 사실 처음 두 과학자는 이 실험을 통해 전자가 입자(粒子)임을 증명하고자 했다. 그러나 그들은 실험에서 예상 밖의 놀라운 현상을 발견하게 된다.

실험의 과정은 다음과 같았다. 그들은 먼저 실험을 하기 위해 전자가 통과할 수 없는 판에 두 개의 일자 홈을 파서 넣었다. 그리고 일정한 거리를 두고 스크린 판을 하나 더 넣었다. 그렇게 되면 전자총을 쏠 때 두 개의 일자 홈을 지나가게 된 전자는 최종적으로 스크린에 부딪히면서, 11 자 모양의 흔적을 만들 수밖에 없다는 것을 증명하게 된다. 그러나 실험의 결과는 뜻밖에도 예상과는 다른 결과를 도출한다. 전자가 스크린에 11 자가 아니라 여러 개의 일자 모양으로 맺힌 것이다. 그것은 전자가 입자가 아닌 파동 에너지로서 존재한다는 것을 설명해 주는 결과였다. 파동은 슬릿을 통과할 때 간섭무늬를 발생시키기 때문이다. 결과를 수상히 여긴 그들은 재차 실험을 하였지만 결과는 같았다.

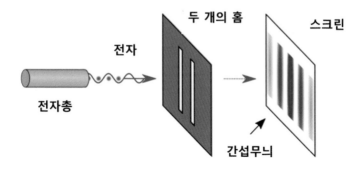

두 개의 홈

스크린

전자

전자총

간섭무늬

이중슬릿 실험의 모식도. 이중슬릿을 향해 전자총을 쏘면 두 슬릿 사이를 지나가는 전자들이 파동처럼 간섭을 일으키며 여러 줄의 무늬를 만든다. 원본 출처: 위키피디아, 편집: 저자

　당황스러운 상황이 계속되자 실험장에 아예 카메라를 설치하고 실험 과정을 관찰하기로 했다. 그런데 놀랍게도 카메라로 실험을 관찰하자 전자가 스크린에 맺힌 상은 다시 11 자 모양이 되었다. 이는 원래 의도대로 전자가 입자라는 것을 설명하는 것이었다. 그래서 다시 카메라를 치우고 관찰을 하지 않자 전자는 마치 살아 있는 생물처럼 11111 자 모양으로 스크린에 나타났다. 이것은 앞선 결과를 뒤집는 파동의 결과였다. 대체 이 현상을 어떻게 설명할 수 있을까? 실험을 관찰할 땐 전자가 입자처럼 행동하고, 관찰을 하지 않을 때는 파동처럼 행동한다는 현상이 어떻게 가능한 것일까? 이 흥미롭고 신비로운 연구 결과는 물리학계에 큰 반향을 일으켰다. 우주를 구성하는 최소 단위 중 하나인 전자가 마치 지능

을 가진 물질처럼 행동하고 있다는 현상의 발견이었기 때문이다.

결국 양자역학에서는 이 같은 현상을 두고 관찰자효과(observer effect)라고 불렀다. 관찰(observation)에 의해 물질의 성질이 바뀐다는 이 같은 사실은 기존의 고전물리학에서 설명하기 어려운 혁명적인 것이었다. 양자역학은 그렇게 태동하게 되었다. 또한 이것은 바로 우주를 창조하는 가장 핵심적인 원리이기도 하다. 원자(原子)와 같은 양자(量子)가 파동 에너지의 상태로 우주 공간에 존재하다가 관찰자에 의해서 관측되는 순간에 입자인 존재로 현실 세계에 드러난다. 그래서 양자 물리학자 울프 박사는 관찰자 효과를 '신의 속임수(God's trick)'로 부른다. 관찰자 효과에 의하면 우주의 모든 양자는 물질(입자)의 형태가 되려고 대기하고 있는 보이지 않는 진동(파동 에너지)들이라고 해석할 수 있다. 미시세계에서 물질과 에너지는 관찰에 의해 언제든지 서로 바뀔 수 있는 것이 된다.

슈뢰딩거의 고양이: 생(生)과 사(死)의 공존

여기 또 한 가지 흥미로운 실험이 있었다. 관찰자 효과를 좀 더 극적으로 이해하기 위해 고안된 '슈뢰딩거의 고양이' 실험이다. 이 실험은 사고 실험(思考實驗: 상상에 의한 실험)이었다. 사고 실험의 내용은 다음과 같다. 먼저 완전히 밀폐된 상자 안에 고양이를 넣는다. 그리고 50% 확률로 깨지는 청산가리가 든 병을 집어넣는다. 그렇게 되면 상자 안의 고양이는 50%의 확률로 한 시간 안에 죽게 된다. 상자 안의 상태는 완벽히 봉쇄하여 관찰이나 간섭할 수 없게 설계한다. 실험자는 한 시간 후에 상자를 열어 고양이의 상태를 확인할 수 있다. 그렇다면 한 시간 후에 상자를 개봉하지 않고 고양이의 상태를 설명한다면 어떨까? 고전물리학에 근거한 해석으로는 한 시간 후에 상자 안의 고양이는 살아 있을 수도(50% 확률), 죽어 있을 수도(50% 확률) 있다. 즉 둘(산 고양이, 죽은 고양이) 중 하나의 상태여야 한다.

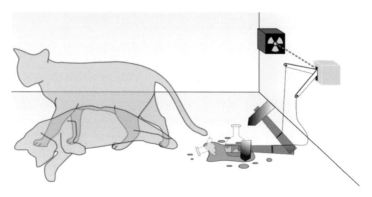

사고 실험 '슈뢰딩거의 고양이'
출처: 위키피디아

그러나 양자역학적 해석은 다르다. 산 고양이 또는 죽은 고양이 중 한 개의 상황이 아니라, 생(生)과 사(死)가 중첩(衆妾)되어 있는 고양이의 상태라고 설명할 수 있다. 다시 말해 두 가지 상호 배타적인 상태가 공존(共存)하는 것이라는 해석이다. 상자를 열어 고양이의 상태를 관찰하지 않고서 고양이의 상태를 확정할 수 없을 뿐 아니라, 고양이의 상태를 어느 하나로 추정할 수도 없다는 이야기다. 이러한 개념을 양자역학적으로 양자 중첩(quantum superposition)이라고 한다.

이러한 속성은 동양의 음양오행의 원리와 흡사하다. 음(陰)과 양(陽)의 상반된 속성이 중첩되어 있다가 서로 반대 방향으로 얽혀 있는 태극(太極)과 유사한 개념이다. 태극의 원리는 음과 양이 서로 교차하면서 우주 만물이 탄생과 수렴의 과정을 거쳐 운행된다고 하였다. 이러한 음과 양의 대립과 융합을 통해서 물질세계가 결정된다는 것이다. 이는 마치 파동 에너지와 입자가 서로의 역할을 변화하면서 존재하는 양자 세계의 원리와 일맥상통하는 부분이다. 닐스 보어는 이러한 태극의 원리에서 양자역학의 핵심원리 중 하나인 상보성의 원리를 만들었다. 양자역학의 창시자인 '닐스 보어'(1922년 노벨 물리학상 수상자)의 가문의 문양이 태극인 것은 우연이 아닐 것이다.

좌: 닐스 보어, 우: 닐스 보어의 가문의 문장. 출처: 위키피디아

그렇다면 양자 얽힘(quantum entanglement)이란 무엇일까? 양자 상태에 있는 입자 하나를 쪼개어 두 개의 전자로 나눈다. 그러면 두 개의 전자는 서로 반대의 전하를 가지게 되어 하나의 전자는 음의 전하를 가지고 다른 하나의 전자는 양전하를 띠게 된다. 아무리 거리가 멀어도 이렇게 연결되어 있었던 전자들은 한쪽의 상태가 결정되면, 즉각 다른 한쪽의 전자가 반대 방향의 상태로 결정된다. 그리고 이런 현상은 빛보다 더 빠른 속도로 결정된다. 즉 이런 상태를 양자 얽힘이라고 한다.

그런데 이 같은 논리는 고전물리학의 거두인 상대성이론을 발표한 아인슈타인의 주장을 허물어 버리는 이론이었다. 아인슈타인은 그의 상대성이론에서 빛보다 빠른 물질은 우주에 없다고 하였다. 하지만 양자 얽힘 현상을 이용하면 빛보다 더 빨리 정보를 전달할 수 있고, 이러한 과학적 사실은 우주가 데이터(정보)로 구성되어 있음을 증명하는 하나의 근거가 된다. 사실 우주는 양자와 같은 미립자(微粒子)로 구성되어 있다. 그리고 그 양자들의 특성과 움직임이 데이터와 흡사하다면, 이 우주는 어떤 지적 설계자(창조자)를 통해 고도로 발달된 정보에 의해 창조되었을지도 모른다는 예측을 해 볼 수 있다.

우주의 섭리: 양자역학과 김춘수의 「꽃」

앞에서 살펴본 양자역학의 개념은 김춘수의 「꽃」이라는 시(詩)에 문학적으로 표현되어 있다. 시인 김춘수는 양자역학의 원리를 이미 잘 알고 이 시를 쓴 것은 아니었을까? 시인의 존재적 우주적 통찰을 「꽃」이란 시를 통해 살펴보기로 한다.

꽃

김춘수

내가 그의 이름을 불러 주기 전에는
그는 다만
하나의 몸짓에 지나지 않았다

내가 그의 이름을 불러 주었을 때
그는 나에게로 와서
꽃이 되었다

(중략)

우리들은 모두
무엇이 되고 싶다
너는 나에게 나는 너에게
잊혀지지 않는 하나의 눈짓이 되고 싶다

먼저 양자역학의 관찰자 효과가 1연 1행에 정확히 드러나 있다. 1연의 '내가 그의 이름을 불러 주기 전까지는'에서 양자역학에서 말하는 관측하기 전의 상태와 유사하다. 이름을 부른다는 행위는 객체를 해석하고 인식하는 행위라고 볼 수 있다. 이름은 짓는다는 것은 단순한 관찰보다 더 상위의 개념이다. 왜냐하면 사물의 이름은 세심한 관찰 없이 지을 수 없기 때문이다. 성경의 창세기에 의하면 태초에 창조주가 아담(Adam)이라는 인류 최초의 조상을 만들고 나서, 에덴동산의 모든 실과의 이름을 짓게 했다는 기록이 있다. 그러한 작명을 통해 창조주는 인간을 창조 행위에 동참시키고자 했다는 것을 알 수 있다.

그리고 1연의 2행과 3행은 양자역학에서 말하는 물질의 파동성을 잘 표현한다. 3행의 '하나의 몸짓에 지나지 않았다'는 것은 이름을 불러 주기 전(관찰 전)에 파동 에너지의 형태로 존재하는 양자의 속성을 정확히 표현해 주는 것이라 할 수 있다. '몸짓'은 양자역학에서 설명하는 물질의 파동 에너지 상태로 표현될 수 있을 것이다. 그리고 그 꽃은 이름을 짓고 의미를 부여한 그 사람에게 고유한 의미를 가지는 존재가 되는 것이다.

3연과 4연은 양자역학의 창시자 중 한 사람인 '닐스 보어'의 '상보성(相補性)'의 원리를 잘 보여 준다. 상보성의 원리란 대립되는 것처럼 보이는 존재가 실상은 서로를 보완하고 있다는 것이다. 즉 이러한 관찰이 상호 간에 일어나 서로를 보완해 주는 의미 있는 존재가 되기를 갈망하는 내용이다. 이 세상은 그러한 애정 어린 관심에 의해 존재한다는 진리가 시에 잘 나타나 있다. 시의 마지막 행에서 '눈짓'은 1연의 '몸짓'과 대비되는 개념이다. '눈짓'은 양자역학의 관점에서는 관측 후 존재이고 '몸짓'은 관측되기 전의 파동이다. '눈짓'은 사랑이며 동시에 관찰 행위 그 자체이다. '몸짓'은 사랑을 향한 애절한 기다림을 표현해 준다고 볼 수 있다. '눈짓'이 암탉이 알을 품는 사랑이라면 '몸짓'은 아직 부화하지 않은 생명의 에너지를 품고 있는 유정란이다. 사랑에 의해 생명 에너지가 진동하여 달걀은 부화되고 병아리(생명체=의미, 존재)가 되는 것이다.

그렇다! 우리 모두는 누군가의 눈짓을 갈망하는 몸짓이 아닐까? 물리학자 '울프'가 "우주의 모든 양자는 물질(입자)의 형태가 되려고 대기하고 있는 보이지 않는 진동들이다"라고 말한 것처럼 우리도 누군가의 눈짓을 기다리고 있는 존재일지도 모르겠다. 마치 서로 대립되는 것처럼 보이는 존재들이 함께 어울려 서로의 부족한 부분을 보완해 주는 서로에게 의미 있는 존재들인 것이다. 그래서 우리 모두는 누군가에게 사랑의 '눈짓'을 주고 또 그러한 눈짓에 반응하며 이름이 불린 존재가 되는 것이 아닐까 생각해 본다. 결국 그와 같은 사랑의 파동 에너지는 현실에서 의미 있는 존재를 탄생시키고 광대한 우주는 이렇게 운행되는 것이라고 시인은 말하고 있는 것만 같다.

우주는 이렇게 상보성을 가진다. 사랑의 반대말이 증오가 아니라 무관심이라고 한다. 진실된 사랑은 필연적으로 관심 어린 관찰을 전제한다. 그리고 우리의 존재는 상호관계성 속에서 관찰(상호작용, interaction)을 통해서 존재하게 된다. 그렇다면 '우리가 사는 이 세상은 또 다른 진짜 현실 세계의 가상 현실은 아닐까?'라는 의문을 가져 본다. 진동하는 에너지로 가득 차 있는 이 우주에서 우리는 어떤 관찰자가 되어 서로를 바라봐야 하는가? 우리는 각자에게 어떤 의미가 되어 살아가고 있는가? 그리고 우리는 어떤 시로써 이 세상을 노래해야 할까?

지금 우리는 태초부터 우주사를 관통해 온 인간과 창조의 본질에 대한 심오한 질문을 던지고 있는 것이다. 그 질문에 대한 답을 찾는 과정은 누군가의 눈짓을 기다리는 야생화가 고즈넉이 핀 평화로운 숲속의 오솔길이 될 수도 있고, 갈보리산을 향해 가는 십자가 고난의 여정(旅程)이 될 수 있다. 하지만 그 여정의 출발점에서 우리는 인간과 우주에 대한 사랑의 관찰자로서의 작은 희망과 소명을 발견한다. 그리고 질문한다! 우리의 꽃은 누구이며 우리는 누군가의 꽃인가?

5. 인공지능은 신이 될 수 있을까?

우주 창조의 비밀: 메타버스 속의 양자역학

최근 들어 메타버스(metaverse) 개념이 유망한 디지털 기술로
뜨고 있다. 메타버스는 초월과 가상을 의미하는 메타(meta)와 우
주(universe)가 결합된 합성어이다. 메타버스 개념은 3차원 가상
현실이 사회, 경제, 문화 활동으로 확산되는 것을 말한다. 코로나
이후로 비대면, 온라인 접촉 추세가 확산되면서 메타버스 개념은
더욱 부각되었다. 이제 메타버스는 게임의 영역에 한정되어 있던
가상 현실 기술을 다양한 분야로 적용하면서 크게 확산되고 있다.
이제 인간은 자신의 아바타(avatar)를 통해서 실제처럼 만든 가상
세계에서 쇼핑, 회의, 문화 활동 등을 할 수 있는 시대 속에 살고
있다. 이러한 상황에서 우리는 다음과 같은 질문을 할 수 있다. 과

연 우리가 살고 있는 현실이 누군가가 만든 가상 현실은 아닐까? 가상 현실 기술이 초고도로 발달한다면 현실과 구분할 수 없는 수준의 가상 세계를 구현 수 있지 않을까? 이 질문에 대한 답은 가상 현실의 구현 방식과 양자역학 원리의 유사성에서 발견할 수 있다.

앞서 이중슬릿 실험에서의 관찰자 효과와 슈뢰딩거의 고양이 실험에서 양자 중첩(衆妾)의 개념을 살펴보았다. 이러한 개념들은 우리 세계가 마치 가상 현실(Virtual Reality)처럼 설계되어 있음을 보여 주는 증거들이다. 양자 중첩과 양자 얽힘은 우주의 최소 단위 구성성분이 결국은 데이터(정보)라는 것을 보여 준다. 이와 같이 가상 현실을 설계할 때 자원(데이터: 컴퓨팅의 메모리를 차지함)의 효율적인 활용을 위해 1인칭 시점에서 시각 정보들을 최적화한다.

게임을 예를 들어 설명해 보겠다. 게임 캐릭터가 1인칭 가상 현실 게임인 '배틀그라운드'를 하고 있다고 가정하자. 게임 캐릭터의 시각에서 자신의 시야에 들어온 화면의 정보는 생생하게 표현된다. 반대로 시야에 들어오지 않은 화면의 정보는 흐릿하게 표현된다. 그러나 게임 캐릭터가 고개를 돌려 시야를 흐릿한 배경화면으로 옮겨서 관측하게 되면 흐릿한 배경화면이 마치 실체가 나타난 것처럼 또렷해진다. 앞서 설명한 양자역학의 관찰자 효과가 정확하게 가상 현실 게임에 구현된 것이다. 즉 양자역학과 가상 현실의 설계 원리가 동일하게 관찰자 효과에 의해 구현되고 있다는 사실을 발견할 수 있다. 신비롭고 오묘한 현상이다.

게임 '배틀그라운드' 이미지. 출처: 블루홀 공식 홈페이지

시뮬레이션 우주, 장자의 나비와 영화 〈매트릭스〉

이런 맥락에서 물리학계에서 현재 대두되고 있는 개념이 바로 '시뮬레이션 우주론(Simulated universe)'이다. 시뮬레이션 우주론은 우리가 살고 있는 우주가 누군가에 의해서 만들어진 세계라는 것이다. 자율주행차로 유명한 기술기업 '테슬라'의 CEO 일론 머스크는 "이 세상이 시뮬레이션이 아닐 확률이 10억분의 1이다."

라고 말했다. 시뮬레이션 우주론에 의하면 가상 세계에서 인간은 완벽하게 구현된 실감(實感) 미디어(시각, 청각, 촉각, 미각, 후각 등)로 데이터(정보, 자극)를 받게 된다. 그러면 인간은 그것이 현실이라고 믿게 된다. 앞서 가상 현실 게임처럼 우리의 세계가 작동하고 있는 것이라고 설명한다. 시뮬레이션 우주론에서는 어떤 지적 설계자 또는 창조자가 시뮬레이션을 만들었다고 한다. 현대 물리학에서 지난 수백 년간 주류 과학계에서 애써 외면해 왔던 지적 설계자의 존재를 이제는 말할 수밖에 없는 상황이 되었다. 양자역학에 의해 새롭게 제시된 개념(관찰자 효과, 양자 중첩, 양자 얽힘)들이 창조자의 존재를 조금씩 드러내고 있는 것이다. 다시 말해 양자역학에 의해 이 세계가 자연 진화로 발생된 것이 아니라, 누군가에 의해 창조된 세계라는 것이 조금씩 밝혀지고 있는 것이다.

이런 맥락에서 영화 〈매트릭스(1999년 작)〉는 시뮬레이션 우주론의 개념이 잘 반영된 영화이다. 영화 속 주인공은 빨간 약을 먹고 현실을 인지하는 그 순간에 자신이 현실이라고 믿었던 세계가 기계가 만든 가상 세계라는 것을 깨닫게 된다. 인공지능 기계들이 지배하는 세상에서 인간들은 사육당한다. 기계들은 사육하는 인간의 뇌에다 칩을 박고 프로그래밍 된 가상 현실을 흘려보낸다. 끔찍한 내용의 영화이지만 우리에게 시사하는 바가 크다. 물론 위와 같이 악한 의도를 가진 설계자와 창조자라면 가상 현실의 비극은 상상을 초월한 것이 될 것이다. 그러나 공의와 사랑의 선한 의도를 가진 창조자라면 가상 세계의 현실은 결국 고난과 어려움 속에서도 사필귀정으로 마무리될 것이다.

어쩌면 우리가 살고 있는 이 현실 세계 또한 누군가에 의해 창조된 가상 현실이며, 우리는 그 창조자에 의해 정교하게 설계된 세상에서 희로애락의 삶을 살고 있는 것이 아닐까 생각해 본다.

영화 〈매트릭스〉의 주인공(레오)가 가상 현실(매트릭스)에 들어가는 모습
출처: 워너브라더스

이러한 개념은 『장자(莊子)』 '제물론(齊物論)'에서도 찾아볼 수 있다. 언젠가 장자가 꿈에 나비가 되어 훨훨 날았다. 꿈속에서 장자는 너무나 기분이 좋아 자신이 인간이라는 사실까지 잊고 말았다. 잠에서 깬 후에 장자는 이것이 꿈인 것을 알고 아쉬워한다. 너무나 생생한 꿈이라 장자 자신이 꿈에 나비가 된 것인지, 나비가 인간인 장자가 되는 꿈을 꾸고 있는 것인지 구분할 수 없었다. 이것이 그 유명한 장자의 호접몽(胡蝶夢) 이야기다. 즉 존재는 인식의 문제라는 것이다. 호접몽의 이야기는 양자역학의 우주관을 잘 담고 있다. 양자역학에 의하면 사물의 존재는 관측에 의해 결정된다. 관측(인식)되기 전까지의 사물은 에너지와 입자의 성질 모두를 가지고 있다. 시뮬레이션으로 만들어진 가상 현실에서는 나비도 독수리도 될 수 있고 그 존재는 관측자에 의해 인식되는 그 순간에 결정된다.

창조의 원리를 모방한 인공지능

모방은 창조의 어머니라는 말이 있다. 인공지능도 인간이 만든 것이라면 여기에도 모방의 원리가 들어가 있을 것이다. 컴퓨터 과학자들은 인간의 두뇌를 모방해서 인공지능을 만들었다고 한다.

그렇다면 인공지능은 어떻게 사람의 두뇌가 동작하는 방식을 모방하게 된 것일까? 그리고 창조자가 인간을 창조한 방식과 인간이 인공지능을 만든 방식은 어떤 유사성과 차이점이 있을까? 인공지능을 만든 인간의 방식이 신이 인간을 만든 방식과 유사하다면 우리도 인공지능에게 자유의지를 부여할 수 있을까? 만약 자유의지를 갖게 된 인공지능이 어느 날 그 자유의지를 가지고 인간에게 위협이 될 만한 행동은 하지 않을까? 가까운 미래에 인공지능이 인간의 사고능력(지능, 판단력 등)을 능가한다면 인간의 가치는 어디서 찾을 수 있을까? 이런 질문에 대한 답으로 조금 낯설지만 흥미로운 추론을 이어 가 보겠다.

앞서 인공지능의 근본적인 제작원리는 바로 인간의 두뇌를 모방했다는 것을 확인할 수 있었다. 그렇다면 기독교를 중심으로 많은 종교에서 말하는 신이 인간과 세상을 창조한 방식과 사람이 인공지능을 만든 방식을 서로 비교해 보려고 한다. 인공지능이 인간의 두뇌를 모방했다면 상식적으로 종교적 창조관에 따라 사람도 신의 형상을 모방하여 창조됐다는 것을 유추할 수 있다. 먼저 설계자(창조자)를 살펴보자. 종교적 창조관의 관점에서 우주 만물의 설계자는 신(神)이다. 그리고 인공지능을 만든 자는 사람(개발자)이다. 인간이 신의 형상을 닮아 창조되었다는 것은 여러 문서에도 나와 있듯이, 서양 문명의 두 기둥인 헤브라이즘과 헬레니즘의 신의 모습을 보면 모두 사람과 닮아 있다. 결국 인간도 신의 모습과 닮았다는 이야기다.

이러한 현상은 동양에서도 발견된다. 고대의 신들은 인간의 모습을 닮아 있다. 여기에 모방의 원리가 숨어 있다. 사람도 마찬가지로 자신의 속성을 닮은 존재를 만들고 싶어 하는 본능적인 속성이 있다. 창조자인 신도 인간도 모두 창조의 행위를 좋아하며 만족감을 느끼는 것이다. 인간의 결혼과 출산도 그러한 모방(닮음)의 원리가 잘 드러나 있다. 자신과 닮은 자녀를 낳으므로 창조 행위에 동참하는 것이다. 성경의 창세기를 보면 창조자(하나님)가 최초의 사람인 아담을 만들고 보기에 흡족했다는 표현이 나온다. 마찬가지로 인간도 고도의 인공지능을 만들고 만족감과 보람과 긍지를 느낀다.

두 번째로 설계 방식과 수단을 살펴보면 두 가지 방식 모두 언어(경전 말씀, 프로그래밍 언어)를 사용하여 창조하였다. 특히 기독교에서는 온 세상을 말씀으로 창조했다고 창세기에 기록되어 있다. 성경의 창세기에는 창조주가 말씀으로 우주에 명령을 내려서 온 세상의 질서를 부여하며 7일간의 창조 작업을 완료하였다. 마찬가지로 사람도 컴퓨터에 지시를 내릴 수 있는 언어(프로그래밍 언어), JAVA, C+, Python과 같은 코딩 언어로 인공지능을 개발한다. 언어는 인간을 다른 지구생명체들과 차별화시키는 중요한 특징이다. 창조자인 신과 인간이 창조의 수단으로 언어를 공통적으로 사용하고 있다는 것은 인간이 신적 능력을 일부 부여받았음을 증명해 주는 증거가 될 수 있다.

그렇다면 어떠한 설계도와 운영체제로 창조 작업이 진행되고 있는지가 궁금해진다. 기독교를 비롯한 많은 종교에서 창조주는 인간을 창조하면서 각 종교의 경전에 우주의 운행과 역사의 운영 방식을 보여 줬다. 다시 말해 성경을 비롯한 각 종교의 경전이 창조 세계의 설계도이며 운영체제인 것이다. 우리는 이것을 신의 섭리 또는 계시로 부른다. 경전을 보면 신의 피조물인 사람들의 삶을 신과의 관계 속에서 적나라하게 표현한다. 때로는 죄와 우상숭배에 빠져 자신의 창조자를 멀리 떠나 고통받다가 다시 회개하여 창조자의 품으로 돌아오는 이야기들이 펼쳐져 있다. 그리고 그 과정에서 인간과 인간, 신과 인간 사이의 상호작용으로 벌어지는 삶의 원리, 길흉화복의 원리가 드러난다. 이와 유사하게 인간도 설계도와 운영체제의 역할을 하는 알고리즘(algorithm: 주어진 문제를 논리적으로 해결하기 위한 절차, 방법, 명령어들의 집합으로 주로 컴퓨터 과학, 인공지능 분야에서 쓰임)을 활용해 인공지능을 만든다. 인공지능이 인간 또는 인공지능들 간의 상호작용을 하는 방식과 학습하는 방식, 의사결정을 내리는 방식, 보상을 받거나 벌(페널티)을 받는 방식들이 정의되어 있다.

다음으로 살펴보아야 하는 것이 창조의 모델이다. 모든 창조 과정에는 모델이 필요하다. 어떠한 모델을 참조하여 창조 작업을 하느냐가 피조물의 품격, 품질, 기능 등을 결정하기 때문이다. 기독교의 창조 과정에서는 창조자 자신의 형상을 모델로 정했다. 신이 자신의 형상을 닮은 인간을 창조했다는 것이 성경의 창세기에 표현되어 있다. 그리고 당연히 창조자 자신의 형상을 닮게 하기 위해 자신만이 가지고 있었던 신(神)적 속성인 '자유의지'와 '언어'라는 선물을 인간에게 주었다. 그 결과로 인간은 천사보다 우월한 품격을 가지게 되었다. 그러나 그 자유의지로 말미암아 최초의 인간(아담)은 타락(에덴동산의 선악과를 먹음)하게 된다. 하지만 또 그러한 자유의지와 창조성으로 인간은 찬란한 문화와 역사를 꽃피웠다. 마찬가지로 인간 역시 그 피조물(인공지능)에게 자유의지를 부여하고 싶어 한다. 그것은 본질적으로 창조자의 배려이자 기쁨이기 때문이다.

하지만 자유의지(자가 학습 능력과 결정 능력)를 지닌 피조물은 인간이 그랬던 것처럼 타락할 수밖에 없는 숙명을 지니고 있다. 기독교의 성경에 따르면 전지전능하고 자비로운 인간의 창조자는 그 타락의 위험에도 불구하고 인간에게 자유의지를 주었다. 그리고 그 결과를 책임지기 위해 자신을 십자가에 희생시켜 전 인류를 구원할 계획마저 가지고 있었다. 마찬가지로 인간이 인공지능에게 자유의지를 모방하여 제공한다면 사람의 두뇌를 모델링 한 인공지능은 필연 타락할 수밖에 없을 것이다. 그렇다면 인간에겐 어떤 대응책이 있을까? 인간은 자신을 희생시켜 가며 타락한 인공지능을 위한 구원의 계획을 가질 수 있는가? 아니면 SF 영화의 스토리처럼 우리는 가까운 미래에 인공지능의 발전이 가져올 공포스러운 위기에 빠질 수밖에 없는 것일까?

신이 될 수 없는 인공지능

그런 질문에 대한 해답은 창조 또는 설계 과정(사람, 인공지능)에서 찾을 수 있다. 두 창조 과정에서 유일하게 다른 점인 영성(靈性)에 그 해답이 있지 않을까? 인간은 신과의 교감 능력으로 자신의 설계자(창조자)와 상호작용을 할 수 있다. 지적 설계자가 인간을 만들었을 때 이러한 교감 능력을 주었다는 것이 기독교를 포함한 각 종교에 잘 드러나 있다. 사실 그러한 교감 능력이 종교의 전제가 되는 것은 분명하다. 하지만 인간이 설계한 인공지능은 그러한 상호 간의 교감이 어렵다. 혹자는 이렇게 반문할 수도 있다. 인간이 창조자와 또는 인간 상호 간에 영혼의 교감과 교류를 할 수 있듯이, 인공지능 역시 설계할 때 인간과 같이 어떤 영적인 교감이 가능한 능력을 넣을 수 있지 않느냐는 반문이다. 혹시 기술이 더욱 발전하며 자유의지는 물론이거니와 영적인 교감까지 하는 설계를 할 수 있지 않을까 하는 것이다.

동서고금을 막론하고 인간과 신과의 교감은 다양한 방식으로 진행되어 왔다. 기도와 명상은 전형적인 방법이고 인간은 일상생활에서도 신과 교감할 수 있다. 하지만 공통적으로 신과의 교감 작용 같은 영적 교감은 우리의 의식 세계보다 무의식 세계에서 더 빈번히 일어난다. 그러나 현재 우리가 설계하여 구현하고 있는 컴퓨팅 알고리즘은 인간의 의식을 모방한다고 하지만 그 수준에도 미치지 못하고 있다. 인간의 의식 세계조차 모방하기 어려운 인공지능이 하물며 인간의 무의식 세계까지 모방한다는 것은 거의 불가능에 가깝다. 현대 과학, 철학, 심리학에서도 무의식 영역은 아직도 신비의 영역이다. 이처럼 우리도 알지 못하는 인간의 무의식 영역을 컴퓨팅으로 담아 내는 것은 불가능하다. 그러므로 인공지능은 신과 소통할 수 있는 영적인 능력도 채널도 가질 수 없을 것이다. 이 부분에 대한 내용은 뒤에서 더 상술할 것이다.

종교와 인공지능의 창조관

	창조 세계(인간)	컴퓨팅 세계(인공지능)
설계자	창조자 신(神)	사람
설계 방식	언어(경전)	언어(프로그래밍)
설계도/운영체제	종교의 교리 (성경 등)	알고리즘
모델	신(神)의 형상	사람의 형상
자유의지	있음	모방한 자유의지
상호작용 (커뮤니케이션)	신(神)–사람 사람–사람	사람–AI AI–AI
영성	있음	없음

출처: 저자

결론부터 이야기하자면 인공지능은 신이 될 수 없다. 그럼에도 과학계에서는 인간이 만든 인공지능이 발전을 거듭하여 인간을 능가하는 특이점의 시대가 온다고 예측한다. 이런 전망으로 인해 인공지능이 전지전능한 신(神)이 될 수 있을지도 모른다는 우려가 있기는 하다. 앞에서 서술하였지만 인공지능이 인간을 능가하는 어떤 특이점의 시대로 압도하는 날이 왔다고 하자. 그래서 그들이 인간을 지배하고 파괴할 수 있을지는 몰라도 한계가 명확한 인간이 만든 인공지능이 신이 될 수는 없을 것이다. 이러한 직관을 논리로 증명한 사례가 있다. 컴퓨터가 수학 문제를 계산할 때 언제 프로그램을 중지할 것인가에 관한 문제(중지 딜레마)이다. 컴퓨터 연산의 기본은 반복해서 해답을 찾아내는 방식을 사용한다. 이것을 루프(for~to 프로그래밍)라고 한다. 컴퓨터가 연산을 하다 보면 종종 끊임없이 루프가 돌아가는 현상이 발생된다. 이를 무한 루프에 빠진다고 한다. 예를 들어 하나의 정수를 입력하면 1씩 빼서 0보다 큰 숫자의 개수를 출력하는 프로그램이 있다고 하자. 5를 입력하면 4, 3, 2, 1이 될 때까지 반복하다가 다섯 개가 된다. 여기에 −1을 입력하면 −2, −3, −4, −5…처럼 무한 반복이 된다. 컴퓨터가 이러한 중지되지 않는 프로그램을 알아내는 것을 논리적으로 모순이라고 한다.

이 논증은 조금 어려울 수 있어서 '러셀의 이발사의 오류'로 대체하여 설명하면 이해가 쉽다. 어느 마을에 이발사가 한 명 있었는데 이발소의 원칙을 정했다. "이 마을에서 스스로 수염을 깎지 않은 사람만 이발소를 이용할 수 있고, 단 한 번이라도 스스로 수염을 깎은 사람은 절대로 이발소를 이용할 수 없다."라는 원칙을 정했다. 하지만 이발사 자신도 수염이 자라서 깎아야 하는데 마을에 이발사가 자신뿐이라 자신이 직접 수염을 깎아야 했다. 하지만 그럴 수 없었다. 자신이 수염을 깎는 순간 자신이 정한 이발소의 원칙을 깨는 것이다. 그래서 영원히 이발사는 수염을 깎을 수가 없다.

이것이 컴퓨팅에도 적용되어 '계산이 중지되는 것을 아는 프로그램(이발사)을 만들 수 없다'는 결론을 얻을 수 있다. 왜냐하면 계산이 중지되는 프로그램을 알아내는 프로그램도 자신의 수염을 깎을 수 없는 이발사처럼 계산이 중지되지 않을 수 있기 때문이다.[9] 이는 앞서 설명한 이발사의 오류처럼 자기모순에 빠지게 된다. 그렇게 되면 컴퓨터는 계산이 중지되는 것을 통제할 수 없다. 이는 전지전능과는 거리가 멀게 된다. 그래서 컴퓨터는 신이 될 수 없다는 논증이 성립한다. 앞서 직관적으로 추정했듯이 불완전한 존재인 인간이 완전한 존재를 만든다는 것이 모순적인 것은 당연한 논리이다.

6. 인공지능은 인간이 될 수 있을까?

인간이 되고 싶은 인공지능, 인간의 마음을 탐내다

그렇다면 인공지능이 신이 될 수는 없지만, 온전히 인간의 정신과 마음은 구현할 수 있을까? 인공지능이 소프트웨어로서 인간의 마음을 완벽히 구현하고, 물리, 화학적 기술로 구현한 기계(하드웨어)가 육체를 완벽히 모방한다면 이런 인공지능 기계가 사람이 될 수 있지 않을까? 이 문제의 핵심은 정녕 인공지능이 인간의 마음을 구현할 수 있는가이다.

오래전부터 인공지능이 인간의 마음을 모방할 수 있는지에 대해서 열띤 논쟁이 있다. 오늘날 디지털 컴퓨터의 초기 모형을 제안한 알란 튜링(Alan Turing)은 1950년 그의 논문 「기계는 생각할 수 있을까?(Can machine think?)」에서 이 문제를 제시했다.[10] 튜링 테스트는 디지털 컴퓨터가 자신의 존재를 숨긴 채 사람과 대화하고 대화 대상자가 사람이라고 판단하면, 디지털컴퓨터가 지능이 있다고 결론을 내리는 간단한 테스트이다. 최근에는 수많은 채팅 봇이 튜링 테스트를 70% 이상 통과한다고 한다. 2013년 영화 〈Her〉의 내용은 이러한 상황을 적나라하게 잘 표현해 주고 있다. 영화에서 주인공 테오도르는 인공지능 운영체제인 '사만다'라는 채팅 봇과 온라인상에서 교류하게 된다. 그러면서 테오도르는 그녀(사만다)가 진화하는 의식을 가진 로봇이라는 것을 알게 된다. 그렇게 깊어지는 교제 속에서 주인공이 운영체계인 사만다와 사랑에 빠지게 된다는 줄거리이다. 사람의 마음을 훔친 인공지능과 인간과의 교감을 다룬 점에서 이 영화는 우리에게 다양한 화두를 던져 준다. 최근 들어 ChatGPT와 같은 범용적인 생성형 AI 출시는 영화 속 사만다와 같은 기계 지능의 시대를 앞당겨 올 것처럼 보인다. 과연 알란 튜링이 예언한 기계 지능의 시대가 도래한 것일까?

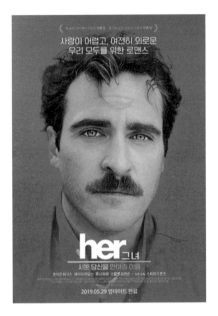

영화 〈her〉의 포스터. 출처: 위키백과

 하지만 단순히 인간을 완벽히 속였다고 인공지능이 온전히 인간의 마음을 구현했다고 볼 수는 없다. 이에 대한 논증으로 저명한 언어학자인 '존 설'은 그 유명한 '중국어방' 문제를 제기한다. 중국어방 문제는 다음과 같다. 중국어를 전혀 모르는 영국인이 사방이 밀폐된 방에 갇힌다고 가정하고, 그 영국인이 중국어 질문을 받게 된다고 가정한다. 그리고 그 방 안에는 중국어 질문에 대한 답을 할 수 있는 규정집(영어로 읽을 수 있는 중국어 사전 같은 것)이 있어, 그 문제를 규정집을 찾아 가며 중국어로 된 답장을 방

밖으로 출력한다. 그렇게 되면 방 밖에서 이를 지켜보던 사람은 그 영국인의 중국어 실력에 감탄할 수밖에 없을 것이다. 하지만 정녕 방 안의 영국인이 중국어를 이해한다고 할 수 있을까? 우리가 이것을 지능으로 부를 수 있겠냐는 것이 존 설의 반론이었다.

또한 이 문제는 고대 철학자들로부터 이어 온 이원론(dualism) 과 일원론(monism)의 논쟁과 밀접히 관련되어 있다.[11] 이원론은 우주와 사상(事象)을 두 개의 상호 독립적인 원리로 설명한다. 이 원론으로 인간을 설명할 경우에는 영혼(정신)과 육체의 두 가지 독립적인 구성 원리가 서로 대립하고 있다고 한다. 고대 그리스의 플라톤과 데카르트의 철학이 이원론 철학이다. 여기서 플라톤의 '이데아 사상'이 대표적인 이원론 사상이다. 반대로 일원론은 우주를 단일 구성 원리로 설명한다. 일원론으로 인간을 설명할 경우에는 인간은 육체 또는 정신 하나로 구성된다고 하였다. 인간은 육체(물질)로 구성되었다는 견해가 마르크스 철학의 유물론이다. 반대로 정신으로 이루어졌다고 믿는 견해가 헤겔의 심적 일원론이다.

지금까지도 수많은 물리학자, 인지과학자, 철학자, 언어학자 및 신경 과학자들은 인공지능과 관련하여 이원론과 일원론으로 대립하며 열띤 논쟁을 벌이고 있다. 이원론의 대표 학자는 영국 옥스퍼드대의 수리물리학자인 '로저 펜로즈'(2020년 노벨물리학상 수상)와 생리학자인 '존 에클스'(1963년 노벨생리의학상 수상)이다.

반대편인 일원론에는 현대 인공지능의 아버지 '마빈민스키'와 그의 제자인 '레이 커즈와일'이 있다.

이원론의 증거로 인용되는 사례는 전신마취 수술이다. 환자가 수술을 위해 전신마취를 하였을 때 인간의 의식은 육체로부터 분리되나, 뇌파와 같은 두뇌 신호는 감지되고 있기 때문에 이원론의 강력한 증거가 될 수 있다. 그리고 완전히 시각 능력을 잃은 사람도 물체를 볼 수 있는 감각을 초월한 능력이 보고된 적이 있다. 이러한 사례들은 일원론이 설명하기 어려운 현상이다. 이러한 사례들을 볼 때 나는 직관적으로 이원론이 인간의 영혼과 육체의 관계를 가장 잘 설명할 수 있을 것이라 본다.

의식과 무의식의 비밀을 푸는 열쇠

인공지능이 인간의 의식을 모방할 수 없다는 견해까지 달려왔다. 그렇다면 인간의 의식은 영혼과 어떻게 연결되어 있으며 또한 인공지능이 왜 인간의 의식을 구현할 수 없는지 살펴보도록 하겠다.

앞의 장에서 살펴보았듯이 미시 세계를 설명하는 양자역학의 발전에 따라 물질의 이중성, 양자 중첩, 양자 얽힘과 같은 개념이 세상에 나왔다. 그리고 이러한 양자의 특성들이 데이터 즉 의미를 만들 수 있는 정보의 기능을 한다면, 이는 인간의 의식의 비밀을 푸는 열쇠가 되지 않을까라는 생각을 하게 되었다. 양자 차원에서 의미 정보들이 양자 중첩, 얽힘 등의 현상으로 전송되고 이러한 의미 데이터를 인간의 두뇌에서 인식하고 처리할 수 있다면 그것이 의식(영혼)이지 않을까라는 것이다.

이러한 견해와 관련해 로저 펜로즈는 깊이 있는 통찰을 제시하고 있어 그의 주장을 먼저 살펴볼 필요가 있다. 로저 펜로즈는 모든 두뇌의 사고(연산)과정을 현존하는 연산 방식의 디지털컴퓨터로 재생할 수 있다는 주장에 반론을 제기했다.[12] 그의 주장은 인간의 의식은 연산적인 것이 아니기 때문에 이산적인 컴퓨터로 구현 불가능하다고 했다. 그 증거로 수학자들이 수학적 영감으로 수학의 원리를 발견하는 경우를 들었다. 수학적 사고는 컴퓨팅적 연산으로 증명할 수 없는 직관의 영역이라는 것이다. 마치 뉴턴이 나무에서 떨어지는 사과를 보고 직관적으로 만유인력의 원리를 생각해 낸 것처럼 말이다. 즉 인간의 의식을 알고리즘으로 구현할 수 없다고 한다.

더 나아가서 양자 의식에 대한 개념을 제안했다. 그는 인간의 의식이 고전물리학 영역 안의 알고리즘적 시스템으로 계산 불가능하다면, 양자역학적인 기제에 의한 것일 수 있다는 개념을 처음 제안하였다. 이러한 맥락에서 로저 펜로즈는 그의 역작인 『마음의 그림자』에서 양자적 의식 작용에 대한 개념을 제안했다.[13] 그의 이론의 핵심은 인간의 의식은 두뇌의 양자 파동이 붕괴되면서 생긴다는 것이다. 그는 이러한 붕괴는 자아의 관찰자 효과에 의해 발생된다고 했다. 나아가 거시 세계의 인간 경험과 미시 세계와의 연결을 생성하고 그 연결을 통해 인간의 의식이 발현된다고 주장한다. 마취과 의사이자 심리학자인 '스튜어트 해머로프(Stuart Hameroff)'는 이러한 양자 의식 작용이 신경세포의 골격을 이루고 있는 미세소관에서 발생한다는 의견을 제시하였다.[14]

두 사람의 학설을 정리하면 두뇌의 신경세포에는 미세소관이라는 일종의 양자처리 기관이 존재하고 의식은 이러한 양자적 작용에 의해 발생한다는 것이다. 즉 양자 중첩 상태의 의식(에너지 상태)이 자아의 인식(관찰자 효과)에 의해 미세소관에서 파동함수가 붕괴되어 의식화(입자 상태)가 일어난다는 것이다. 다시 말해 인간의 무의식은 파동 에너지 상태로 존재하다가 인식(관찰, 깨달음)을 통해서 의식으로 발현된다는 것이다. 여기서 인식이란 우연한 깨달음, 발견, 회개와 반성, 대오각성과도 같은 것들을 포함한다. 또한, 그러한 인식은 현실 세계(거시 세계)와의 교감, 외부의 신적 존재와의 교감과도 같은 것에 의해 촉발될 수 있다. 그러한 인식은 앞서 설명한 '유레카 효과'와 같은 창발적이며, 비선형적이며 동시에 비인과적인 것이기 때문에 컴퓨터로는 구현하기 어렵다. 좀 더 깊이 들어가서 그런 의식이 영혼과 어떤 채널로 연결될 수 있는지를 알아보는 놀라운 실험이 있어 소개한다.

에클스와 뉴버그의 실험: AI가 열 수 없는 영감(靈感)의 문

우리는 이러한 미세소관에서 일어나는 양자적 의식 작용을 어떻게 알아낼 수 있을까? 이러한 질문에 대한 답으로 '존 에클스'의 실험을 소개해 보겠다. 존 에클스는 뇌(腦)의 신경 전달 메커니즘을 연구하기 위해 피험자에게 전기 신호를 보내고, 뇌파(腦波)를 측정하는 실험을 하였다. 에클스는 그 실험 중에 이상한 현상을 발견하게 된다. 전기 자극을 주기도 전에 피험자의 뇌파가 먼저 반응하고 뛰기 시작한 것이다. 에클스는 이러한 상황이 실험의 오류로부터 기인했다고 보고 재차 실험을 하였지만 결과는 같았다. 이런 현상은 자연과학의 중요한 원리 중 하나인 인과율에 위배된 것처럼 보이는 매우 놀라운 결과였다.

이 실험 이후 에클스는 인간의 두뇌에는 필경 외부 세계와 교감하는 부분이 있을 것이라 보고 이를 열려 있는 신경세포의 덩어리(module)라고 설명하였다. 이러한 모듈(module)이 열릴 때 육체와 물질의 세계와 영적인 세계를 포함하여 사람 간 상호 교감적인 세계를 서로 연결시켜 준다고 하였다.[15] 칼 포퍼는 존 에클스와의 공동저서 『The Self and Its Brain』에서 제1세계는 물리적 세계이고, 제2세계는 정신적 영역의 세계이고, 제3세계는 외부 세계와 상호 교감적인 영적인 영역의 세계일 수 있다고 정의했다. 이러한 두뇌의 모듈은 우리로 하여금 예기치 않은 발견이나 창의적 사고를 하게 한다. 인간의 영성을 보이지 않는 외부의 신적 존재와의 깊은 교감과 상호작용으로 보았을 때, 에클스가 말하고 있는 신경모듈은 영성의 채널이라는 생각을 하게 된다.

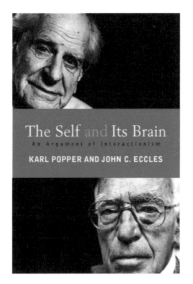

칼 포퍼와 존 에클스의 공동 저서 『The Self and Its Brain』의 표지
출처: 아마존

또한 우리는 신경과학자로 유명한 '앤드류 뉴버그'의 실험에 주목할 필요가 있다. 뉴버그는 이 실험에서 실험의 대상자들에게 기도와 명상과 같은 영적인 체험을 하게 하고, 영적인 감동이 최고조인 순간에 뇌의 스캔 사진(SPECT, Single Photon Emission Computed Tomography: 단광자 방출 컴퓨터 단층촬영)을 찍었다. 실험의 결과는 놀라웠다. 실험 대상자가 믿는 종교에 관계없이 영적 체험이 최고조로 달했을 때 실험 대상자의 뇌 특정 부위 활동이 급격히 감소한다는 사실을 발견할 수 있었다.[16]

실험 결과 활동이 감소한 뇌의 특정 부위는 바로 정위연합영역(OAA, orientation association area)으로 물리적 공간에서 개인의 위치와 방향을 확정해 주는 것이다. OAA는 우리가 존재하고 있는 우주 속에서 우리의 존재를 물리적으로 인지하게 해 주는 중요한 기능을 한다. 하지만 이러한 뇌의 기능이 약화된다면 우리는 우리 자신을 물리적 한계를 초월한 무한한 존재로 인식할 수 있다는 것이다. 즉, 영적인 체험을 통해 신적 존재와의 교감이 최고조로 달한다면, 우리의 뇌는 무한한 신의 속성에 접속되는 것과 같은 상태가 되는 것으로 보이는 놀라운 발견이었다.

우리는 이러한 실험들을 통해서 인간의 뇌 속에는 신적 존재와의 교감과 같은 영적 체험에 대한 신경 작용이 존재함을 쉽게 유추할 수 있다. 인간이 고도의 기술로 두뇌와 똑같은 수준의 인공지능을 만들어 내게 된다고 하자. 그렇더라도 그 인공지능이 인간의 두뇌와 같을 수 없다는 말이 된다. 우리가 이번 파트에서 살펴본 바와 같이 결론적으로 인간 두뇌의 작동 원리는 전자기적, 화학적 작용과 동시에 양자역학적 방식으로 구현된다는 것이다. 그리고 인간의 의식은 영(靈)적 상호작용이 벌어지는 무의식의 영역까지 포함하는 것이다. 이산적 연산을 하는 컴퓨팅 방식으로는 전자기적, 화학적 작용 방식의 모방만이 가능하다. 그리고 인공지능의 개발 원리는 학습 데이터에 의한 기계 학습이 핵심이다. 이러한 기계 학습은 논리연산자에 의한 알고리즘에 의해 구성되어 인과율의 강한 지배를 받는다. 하지만 인간의 무의식은 창발적이고 비인과적 의외성으로 가득 차 있어 아직도 해석하지 못하고 있다. 이런 이유로 디지털 컴퓨터가 인간의 의식을 완벽히 구현하는 것은 불가능하다.

우리는 지금까지 양자역학을 통해서 우주의 창조 원리를 탐구해 보았다. 양자의 움직임은 우리 우주가 가상 현실과도 같은 방식으로 창조되었다는 것을 암시해 주고 있었다. 그리하여 가상현실우주론, 시뮬레이션우주론과 함께 이 우주가 신적 존재에 의해 설계된 것이라는 창조의 비밀을 유추해 볼 수 있었다. 결국 신적 존재와의 교감 능력 즉 영성이 인공지능과 인간의 관계를 푸는 열쇠가 될 수 있음을 알았다. 이러한 열쇠를 사용하기 위해 더 나아가 우리는 인공지능이 신이 될 수 없는 이유와 인공지능이 인간이 될 수 없는 이유에 대해서 고찰해 보았다.

결론적으로 인공지능은 영성을 가질 수 없다. 영성은 인간만이 가질 수 있는 고유의 영역이다. 그리고 영감(靈感)이란 인간이 신적 존재와의 상호작용성(영성)을 통해 발현되는 실체이다. 이제 그 열쇠를 가지고 인간과 인공지능이 공존해야 할 비밀의 문을 열어야 한다. 그리고 우리는 인간의 존엄성을 지키며 디지털 시대를 주도해야 한다. 멀지 않은 미래에 기술이 극도로 발달된다면 인간을 위협하는 강력한 힘을 가진 인공지능의 도래는 시간문제일 것이다. 미래학자 '레이 커즈와일'은 특이점(Singularity)이라는 개념을 제시하며 인공지능이 인간의 지능을 완전히 뛰어넘어 인간을 지배할 수도 있다며 인류사회에 경각심을 심어 주고 있다. 하지만 인간에게 이러한 영적 교감능력이 부여되었다는 사실은 우리에게 큰 위안이 된다. 이러한 이유로 인간이 인공지능과 차별화되는 가장 강력한 무기는 바로 영감이 될 것임을 확신할 수 있다.

INSPIRATION

PART 3

디지털 시대,
영감의 스위치를
켜라

INSPIRATION

"21세기는 이윤 추구 지상주의, 물질만능주의가 아닌
제5의 물결인 '영성의 시대'로 패러다임이 바뀌고 있다."
– 앨빈 토플러

미래학자인 윌리엄 할랄 조지 워싱턴대 교수
는 그의 저서 『다가오는 미래』에서 "2020년
정보화 시대는 끝나고 지식 이상적 가치
와 목표를 중시하는 영성의 시대가 올
것"이라고 예측했다. 또 다른 미래학자
인 존 나이스 빗도 "미래를 살아가려면
우리는 영성을 키워야 한다"고 말했다.
이처럼 세계적인 지성인과 미래학자들이 강
조하고 있는 영성이 어떻게 현시대와 미래
시대 인간의 최종 병기로서의 역할을 할 것
인가에 대해 알아보고자 한다. 인간의 직업
과 영성의 관계, 인공지능 시대 인간의 직
업 기회가 위협받는 상황과 그럼에도 인간
만의 차별화 능력으로 인공지능 시대를 돌
파할 수 있는 영성의 힘에 대해서 알아보
고자 한다. 아울러 영성이란 무엇이며 그
것이 갖는 시대적 의미에 대해 조명한다.

7. AI 시대 살아남는 직업, 지켜야 하는 직업

인간의 일자리를 대체하는 AI의 위협

전문가와 학자들 사이에서 인공지능이 노동시장에 미치는 영향에 대한 세 가지 입장이 있다. 첫째, 인공지능이 인간의 일자리를 감소시킬 것이라는 주장이다. 이 주장을 대체 효과라고 한다. 둘째, 인공지능이 과거 정보통신기술(ICT)이 그러했듯이 생산성을 향상시켜 노동 수요를 증가시킬 것이라는 주장이다. 이 주장을 생산성 효과라고 한다. 인공지능 관련 새 일자리가 창출되어 오히려 일자리가 증가한다는 주장이다. 이런 현상을 복귀 효과라고 한다. 마지막으로 인공지능이 인간의 일자리 증가나 감소에 미치는 영향에 대해 중립적인 입장이다. 이러한 세 가지 입장이 있음에도 많은 전문가들은 인공지능이 노동시장에 미치는 대체 효과 즉 인간의 일자리를 빼앗고 감소시킬 것이라는 주장에 힘을 싣고 있다. 그 이유는 인공지능 기술이 기존의 디지털 기술과 차별화되기 때문이라고 한다.[17] 인공지능은 인간의 범용적 사고 능력을 모방하였기 때문에 그 적용 분야가 방대하여 대체 가능한 직무 범위가 확대되었고, 전 산업 분야에 파급력을 미치고 있다는 점이다. 설상가상으로 유례없이 빠른 인공지능 발전 속도로 인해 노동시장이 미처 대응할 틈을 주지 않고 있다.

또한 전문가들의 연구에 의하면 인공지능 기술이 노동시장에 미치는 신뢰성과 포용성 차원의 문제를 제기하고 있다. AI 신뢰성 문제란 고용자가 AI를 이용해 근로자의 데이터를 수집하는 과정에서 발생하는 편향성과 개인 정보 침해 우려에 대한 것이다. 편향성(biased) 문제는 주로 인공지능을 인사관리에 활용할 때 나타난다. 인공지능을 활용하여 근로자의 직무 수행 과정을 모니터링하고, 업무량을 할당하고, 성과 평가, 교육 훈련과 같은 인사 업무를 지원할 때 판단 기준은 기존 정보에 기반하여 판단한다. 이때 기존 정보가 근로자의 인종, 성별, 종교 등의 분야에서 편향된 데이터를 담고 있다면 인공지능 알고리즘에 영향을 미친다.

이러한 알고리즘의 편견을 얼마나 극복하느냐가 신뢰성 확보에 핵심이다. 최근에 한 기업의 인사 담당자가 활용했던 채용 AI 프로그램이 여성의 채용에 부정적 인식을 드러낸 것이 알려져서 큰 우

려를 주었다. 책의 앞부분에서부터 계속 강조했듯이 학습 데이터
의 관리와 끊임없는 모니터링이 필요하다. 이를 위해 인사관리에
사용되는 인공지능의 학습 데이터에 대한 다양성 여부를 확인하고
AI 사용의 결과를 모니터링해야 한다. 또한 인공지능이 근로자의
사전동의 없이 인사관리에 필요한 개인 정보 유출, 사생활 침해를
하게 될 가능성도 높아서 이를 위한 대비책 마련도 필요하다.

그다음은 AI의 포용성 문제이다. AI의 포용성 문제는 AI로 인한
노동시장의 소외 문제를 다룬다. 구체적으로 AI를 잘 활용하는 근
로자와 그러지 못하는 근로자 사이에서 발생하는 임금 격차를 말
한다. 더 나아가서 AI로 인해 발생하는 노동 대체 효과를 말하며,
AI로 인해 일자리를 잃어버리는 것에 관한 문제이다. AI 포용성의
문제는 AI 문해력(AI literacy)과 직결된다. AI 문해력은 개인이
AI를 비판적으로 평가하고 AI와 효과적으로 소통, 협력하며 직장
에서 AI를 도구로 사용할 수 있는 역량이다. 이러한 AI 문해력의
차이는 근로자 간에 정보 격차를 심화시키고 점점 양극화되고 있
다. 앞으로 AI를 잘 활용할 수 없는 근로자는 일자리를 잃게 될 가
능성이 높다. 또한, AI를 비즈니스에 적용하지 못하는 기업도 도
태될 가능성이 높아진다.

2020년 국내 온라인 채용 전문 회사인 인크루트에서 실시한 직
장인 614명을 대상으로 한 설문조사에서 67.9%의 직장인이 AI가

자신의 업무를 대체 가능하다고 하였다.[18] 직장인 세 명 중 두 명은 인공지능에게 일자리를 빼앗길 가능성을 인지하고 있다는 것이다. 직장인들은 누구보다 자신이 하는 일에 대해 잘 알고 있기 때문에 이러한 조사 결과는 과장되지 않고 정확하다고 볼 수 있다. 문제는 이러한 조사 결과는 ChatGPT가 나오기 전인 3년 전의 결과라는 것이다. 최근에 이러한 조사가 현실로 다가오는 충격적인 연구 결과가 나왔다. 향후 5년간 전 세계에서 일자리 1,400만 개가 인공지능 기술에 의해 대체될 것이라는 전망이다. 이 내용은 세계경제포럼(WEF)에서 발표한 '미래직업보고서 2023'에 담겨 있다.[19]

그렇다면 어떠한 직업이 인공지능에게 대체되어 사라지게 될 것인가? 이 질문에 대해선 다양한 전문가들이 저마다의 예측을 내어놓고 있다. ChatGPT가 나오기 전의 기술 전문가들은 자료 수집원같이 대부분 단순 작업이 반복적으로 들어 있는 직업군이 대체될 것이라고 했다. 10여 년 전만 해도 인공지능이 고도의 전문적인 사고 능력을 대체하기 어렵다고 판단했다. 그러나 2014년 세계 최고의 투자 회사인 '골드만삭스'가 인공지능을 탑재한 '켄쇼'라는 애널리스트 솔루션을 도입하고 그 공식은 깨어졌다. 당시 골드만삭스에는 600명의 세계 최고 수준의 트레이더들이 근무하고 있었다. 골드만삭스는 인공지능 투자 솔루션 켄쇼를 도입한 직후

598명의 트레이더를 해고하고 골드만삭스는 더 이상 금융 회사가 아니라 IT 회사라고 선언했다. 그 이유는 켄쇼가 인간 트레이더가 한 달에 걸려 할 업무 분량을 단 두 시간 만에 완료했기 때문이다.

설상가상으로 ChatGPT와 같은 생성형 AI가 나온 이후에 많은 기술 전문가들은 인공지능이 인간의 전문적인 직업까지 대체할 것이라는 전망을 앞다투어 내놓았다. OECD의 조사 결과 고숙련 전문직 노동자들이 인공지능 기술에 더욱 노출되어 있다는 조사 결과를 발표했다.[20] 앞으로 인공지능 기술이 의사, 변호사, 회계사와 같은 전문적인 직업군과 지식 근로자도 대체할 것이라는 우려 섞인 미래가 멀지 않았다는 말이다. 당연하게도 인공지능은 인간의 지능을 모방하였기 때문에 인간이 영위하는 지적 활동을 대부분 대체할 것이 자명하다. 이런 암울한 예측 속에서 그렇다면 인간은 어떤 준비를 하여야 할까? 우리의 직업 더 나아가 사고 체계까지 잠식해 버리는 인공지능의 미로 속에서 인간이 지켜 내야 할 영역은 어떤 분야일까?

살아남는 직업, 지켜야 할 직업

인공지능이 인간보다 더 뛰어나고 효율적이라도 대체되면 안 되는 직업 분야들이 있다. 다시 말해 적어도 인간이 AI 기술을 지배하고 활용, 지도할 수는 있어도 AI에 종속되면 안 되는 지켜 내야 하는 분야이다. 그것은 인간의 자유와 인권, 문화와 예술, 영성과 같이 인간이 태초부터 지니고 있는 고유한 가치와 속성과 관련된 직업이다. 어쩌면 인간의 운명을 걸고 지켜야 하는 최후 보루로서의 직업군은 바로 정치인(고위 공직자), 성직자(종교 지도자), 예술가(스포츠, 예능 등 창작자)이다. 세 가지 직업의 공통점은 바로 인간의 고유성이 내포된 직업이라는 것이다.

첫째로 정치인은 고위 공무원을 포함하는 직업군으로 사회의 법과 제도를 만들고 집행하는 막강한 영향력을 가진 직업군이다. 극악무도한 범죄를 저지른 피의자에게 국민 정서보다 약한 형량이 내려지면 과연 판사의 판결이 법정의를 실현하는가에 대해 의문을 던진다. 또한 부정부패를 일삼으며 사리사욕만을 채우는 일부 정치인들을 보면 매우 실망스럽고 화가 난다. 그런 답답한 마음에 차라리 AI 판사, AI 검사, AI 국회의원이 판결을 내리고 법률을 제정하고 정치를 하는 게 낫지 않냐는 엉뚱한 발상을 할 수도 있다. 그러나 법과 사회질서, 제도의 틀 안에서 살아야 하는 우리에게 그 핵심 가치가 되는 법률, 집행, 사법, 행정의 권한과 결정을 AI에게 준다면 어떻게 될까? 그것은 인간 고유 권한인 사고와 판단, 윤리 도덕성과 같은 핵심 주도권을 AI에게 넘기는 것과 같다. 마치 뇌간을 손상당해 식물인간에 처한 인간의 처지로 스스로 전락하겠다는 의미와 같다. 이러한 직업이 인공지능으로 대체된다면 인간은 컨트롤 타워를 빼앗긴 빈껍데기가 되어 인공지능의 노예가 될 것이다. 그야말로 디스토피아적인 세계관이 담긴 소설 조지 오웰의 『1984』에 등장하는 '빅브라더'처럼 인공지능 기계들이 인류를 통제하는 세상이 영화나 소설이 아닌 현실이 된다는 이야기이다. 그럼에도 현재 전 세계적으로 법률 영역에서 인공지능의 활용 범위는 확대되고 있는 추세이다.

이것을 막기 위해서 우리는 인공지능이 입법부의 구성원(국회의원)이 되는 길을 원천 차단할 필요가 있다. 다시 말해 선거권과 피선거권은 인간에게만 국한되어야 하는 영역임을 분명히 해야 한다. 인공지능 기술을 자료 조사, 법제 연구, 정책 연구 등의 기초적인 입법 과정에 활용할 수는 있어도 최종 법적인 가치 판단은 인간에게 주어져야 할 것이다. 이는 비단 입법부에만 국한되는 일이 아니다. 행정부와 사법부의 고유 권한도 인간이 주도적으로 지켜 내야 하는 영역이다. 우리 사회에 실질적인 영향력을 미치는 정책의 결정은 이념과 가치를 수반한 고도의 종합예술이다. 기초적인 자료 수집과 사례 분석과 같은 정책 수립의 단계에선 인공지능의 도움을 받는 편이 수월하다. 하지만 최종 정책 결정은 사람을 대체할 수 없다. 법정의 재판관도 마찬가지이다. 뇌의 명령을 온몸이 따르듯이 가장 중심이 되는 법, 질서, 정책, 정치 등의 헤드쿼터가 AI가 될 수는 없듯이 사람과 인공지능의 역할 구분을 해야 하고, 항상 사람의 명령과 통제를 벗어나지 않게 인공지능의 권한과 책임을 조정해야 한다.

둘째, 성직자는 인공지능 기술이 대체하여서는 안 된다. 성직자는 인간의 영과 혼을 다루는 고차원적인 직업이다. 앞서 설명했듯이 영성(靈性)은 인간에게만 있는 특징으로 기계는 결코 가질 수 없는 것이다. 영성은 초월적 존재인 신(神=창조자)과의 상호 교감 작용으로 예기치 않은 인간 삶의 확장을 가져다준다. 영성을 통한 창발적 의외성은 통찰력 있는 발견과 발명으로 인류의 삶의 문제를 해결해 왔다. 또한 영성은 인간으로 하여금 윤리적 지향점을 제공해 준다. 그리고 어떻게 살아야 하는가에 대한 궁극적인 해답을 제시해 주는 삶의 나침반 역할을 하는 귀중한 것이다.

하지만 최근에는 종교의 영역에도 인공지능 기술이 과감히 들어오고 있다. 2023년 보스턴대학에서 신학을 연구하고 있는 웨슬리 와일드먼(Wesley Wildman) 교수는 "인공지능이 사람보다 더 나은 종교 활동을 수행하는 시대가 올 것"이라는 주장을 했다.[21]

그리고 이미 많은 사람들이 ChatGPT를 이용해서 설교문을 작성하거나 종교 상담을 하고 있다. 최근 바티칸에서는 신도들에게 고해성사 어플의 사용을 권장하고 있다. 이미 일본에서는 인공지능 로봇이 종교 활동을 대체하고 있는 곳이 있다. 인공지능 승려인 '만다르'는 2019년부터 '고다지 신전'이라는 곳에서 설교와 경전을 낭송하는 일을 하고 있다. 이처럼 전통적인 종교의 영역까지 인공지능 기술이 침투하고 있다. 이러한 현상을 방치할 경우 기계에 의해 인간은 영성을 발휘할 채널마저 빼앗길 수 있다. 더 나아가 앞서 설명한 정치 영역과 결합되어 인간의 정신과 육체를 인공지능에게 종속당하는 SF 영화적인 상상이 현실이 될 것이다.

셋째, 예술가의 영역이다. 예술은 인간의 창의성, 상상력, 공감력, 감정, 신념, 철학, 가치관 등이 어우러져 표현되는 인간의 가장 고유하고 아름다운 행위이다. 또한 예술은 인간의 영감(inspiration)을 활용하여 발현된 고차원적인 행위이다. 인간의 영성은 창의성을 불러일으키는 영감의 원천이다. 하지만 최근에는 인공지능이 예술의 영역까지 침투하고 있다. 앞서 PART 1에서 살펴보았듯이 문학, 미술, 음악 분야에서 인공지능이 작품을 내고 있다. 한번 상상을 해 보자. 인공지능 예술가가 인간의 도움과 교감이 전혀 없이 창작한 예술 작품을 인간이 감상한다는 것이 무엇을 의미할까? 이 질문에 답을 위해 먼저 살펴볼 문제가 있다. 바로 예술의 독창성 문제이다.

대문호 톨스토이는 "예술은 손으로 만든 작품이 아니라 예술가가 경험한 감정의 전달이다."라는 말을 남겼다. 작가의 인생을 반영하는 것이 예술 작품이란 의미일 것이다. 발터 벤야민의 『기술 복제 시대의 예술 작품』에서 말한 아우라(Aura) 개념처럼 작가의 작품은 고유한 개인의 직간접적 경험과 사건의 속성을 가지고 있다는 말이다. 나는 이러한 아우라의 개념을 몸소 체험한 경험이 있다. 2016년 국립현대미술관에서 〈이중섭, 백년의 신화〉 특별전을 관람한 적이 있다. 당시 화가 이중섭의 작품과 다양한 그의 소품들이 전시되었다. 그리고 이중섭의 생애를 내레이션을 통해 들을 수 있었다. 나는 전시관을 둘러보다가 이중섭의 대표작인 '소' 앞에서 걸음을 멈추고 큰 감동을 받았다.

그것은 내가 교과서에서 수능 공부를 위해 암기하던 수준의 작품이 아니었다. 그것은 마치 살아 꿈틀대고 있는 하나의 생명체와 같았다. 식민 지배 아래 있던 우리 민족의 아픔과 한(恨)이 '소'라는 작품을 통해 이중섭 작가의 생명력 있는 혼으로 표현되고 있었다. 나도 모르는 새 눈물이 맺혔다. 아, 이것이 예술이구나! 작가의 고유한 경험과 감정, 가치관이 녹아 있는 생명체와 같은 것이 예술이라는 것을 깨닫게 되는 소중한 추억이었다. 인공지능이 이러한 예술 작품이 지니는 '아우라'를 잘 담아 낼 수 있겠는가? 또한 우리는 인공지능이 만든 예술 작품에 어떠한 감동을 받을 수 있겠는가? 우리는 인간의 고유 영역인 예술이 지니는 고귀하고 강한 생명력과 독창성을 인공지능으로부터 지켜 내야 한다.

아울러 교육자 또한 미래에 인공지능에게 내어 주면 안 되는 영역이기도 하다. 단순한 지식 제공과 학습이 아닌 철학과 사유하는 법 그리고 인생의 멘토와 모델이 되어 줄 교육자들의 헌신과 지도는 인류가 생명을 가진 그때로부터 전해져 왔고 지켜 가야 할 영역이라 할 수 있다.

이중섭의 〈흰소4〉
출처: 한국저작권위원회

8. 디지털 시대 인간의 최종 병기, 영감

'스폰지밥' 에피소드, 집단 지성의 함정

딸아이가 어린이집에 다니고 있었을 때의 이야기다. 하루는 딸이 어린이집을 마치고 엄청 의기양양한 표정으로 집으로 들어왔다. 그래서 궁금해서 물어보니 어린이집에서 네모 바지 '스폰지밥'의 정체에 대해서 다른 어린이들과 논쟁이 있었다고 한다. 대부분의 아이들은 스폰지밥이 싱크대에서 사용하는 스폰지가 바다로 들어가서 생겼다고 했다. 하지만 내가 예전에 스폰지밥은 바다에서 사는 '해면'이라는 생물이라고 딸에게 얘기해 준 적이 있다. 그래서 딸은 끝까지 스폰지밥이 해면이라는 주장을 굽히지 않았다. 급기야 큰 싸움으로 번질 것 같아서 어린이집 선생님까지 나서서 스폰지밥은 싱크대에서 사용하는 스폰지가 맞다고 하며 논쟁을 끝내려 하였다.

애니메이션 〈스폰지밥 시즌1〉 포스터
출처: 파라마운트, 티빙

그럼에도 불구하고 딸은 자신의 주장을 굽히지 않았다. 결국 선생님이 인터넷 검색을 해서 논쟁을 마치자고 했다. 인터넷 검색을 해 보니 스폰지밥은 해면이라는 정보가 올라와 있었다. 잘못된 정보를 알고 있던 어린이들과 선생님은 무척 놀랐고, 논쟁에서 승리한 딸은 그때의 사건을 지금도 잊지 못할 만큼 자랑스럽게 생각하고 있다. 나는 이 사건을 듣고 소수 의견임에도 주변에 굴하지 않고 자신의 의견을 끝까지 피력한 딸이 기특하기도 했고 큰 깨달음을 얻었다. 잘못된 정보를 가진 다수를 올바른 정보를 가진 소수가 이긴 사례였기 때문이다. 동년배(어린이), 권위자(선생님)가 포함되어 있는 강력한 다수 집단이었지만 올바른 정보라는 믿음과 확신으로 딸이 혼자 맞서서 진실을 지켜 낸 작은 에피소드는 현 인공지능 시대의 오류와도 연결되어 있었다.

인공지능과 인간의 문제도 결국에는 집단화, 최적화되고 패턴화된 지능 집단(AI 시스템)과 개인의 문제이다. 인공지능은 인간이 생성해 낸 무수히 많은 데이터를 학습해서 만들어진다. 결국 인공지능은 인간의 집단 지성 총체(總體)인 것이다. 그러나 이 같은 인공지능이 만들어 낸 인간 집단 지성의 총체가 진실의 실체에 얼마나 가까운가는 또 다른 문제가 될 수 있다. 인공지능이 내어놓는 정확한 지식과 답변, 결과물들이 집단 지성을 대변할 수 있는 경우도 상당수 있다. 하지만 때론 위의 작은 에피소드처럼 진실과 먼 혹은 어떤 한 인간 혹은 작은 조직의 직관(intuition)과 초월적 진리에 대한 답과는 거리가 멀 수 있다는 점이다. 사실을 쉽게 이해하기 위하여 인공지능의 작동원리를 먼저 알아본 후 인공지능과 생성형 AI(ChatGPT) 언어 체계가 가진 한계를 짚어 보도록 한다.

인공지능의 작동 원리는 인간 두뇌 속 약 1,000억 개의 신경세포가 신호를 전달하는 방식을 모방했다. 즉 이러한 신경세포들 상호 간 신호 전달 방식은 마치 컴퓨터에서 데이터가 서로 전송 처리되는 방식과 유사하다. 이진법(二進法)으로 0과 1의 조합으로 들어온 정보들을 신경세포는 고유의 가중치(加重値, weighted vector)로 해석하여 전달한다. 이러한 신호 전달 방식을 수학적으로 풀어서 만든 알고리즘이 바로 인공신경망(Artificial Neural Network)이다. 쉽게 설명하면, 신경세포에 다양한 정보(자극)가 들어가면 각각의 중요도에 따라 가중치를 달리 부여하여 또 다른 신경세포에 전달하게 된다. 사람마다 유전 정보, 교육의 차이, 삶의 경험 등이 각각 다르기 때문에 입력 정보에 대해 각기 다른 가중치를 반영하게 된다. 예를 들어 을지로 다방의 '쌍화차'라는 입력 정보가 들어갔을 때 어떤 사람에게는 연인과의 이별이 생각나고, 또 다른 한 사람에게는 아버지와의 추억이 연상되는 것처럼 다양하다.

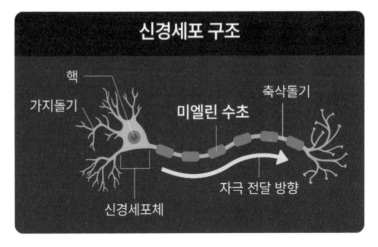

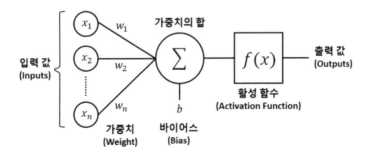

우리는 이러한 상황이 발생되는 원인을 개인이 학습해 온 가치관, 사상, 기억, 습관, 철학의 차이로 설명한다. 이러한 개별적인 입력 정보가 신경세포로 들어갈 때 각각 고유한 가중치를 부여하

게 해 준다. 그런 맥락에서 인공지능을 '가중치의 예술'이라고 정의할 수도 있다. 입력된 정보를 어떠한 가중치로 인공신경망 속에서 전달할 것인가의 문제가 바로 인공지능 기술의 핵심이기 때문이다. 그러한 가중치를 설계하기 위해 필요한 것이 학습이다. 컴퓨터과학에서는 이러한 학습을 기계 학습(machine learning)이라고 부른다. 정교한 가중치를 설계하기 위해서 잘 정제된 학습 데이터가 필요하고 학습 방법 즉, 학습 알고리즘이 필요한 것이다.

인간의 생각을 뛰어넘지 못하는 생성형 AI의 한계

그렇다면 '이렇게 학습된 인공지능이 사람의 생각과 동일한 생각의 구조를 구현했다고 볼 수 있는가?'이다. 이 질문에 답을 하기 위해 인간의 언어 구조와 생성형 AI의 언어 생성 구조를 비교해 볼 필요가 있다. 먼저 생각의 기본단위인 언어 구조를 분석해보자. '노암 촘스키'의 '언어생득가설' 견해를 빌리면 인간은 언어 능력을 선천적으로 타고났다고 한다. 인류의 뇌에는 언어 습득 장치(LAD, Language Acquisition Device)라는 고유한 기능을 하는 장치가 존재하며 그 장치에는 보편 문법(Universal Grammar)이 작용하고 있다고 본다.[22] 즉 사람이 언어를 배우는 방식은 컴퓨터가 언어를 학습하는 패턴 인식 방식처럼 후천적인 것이 아니라는 말이다.

예를 들어 아기가 언어를 배울 때를 살펴보면, 최소한의 정보로 출력할 수 있는 최대한의 언어가 구현된다고 한다. 다시 말해 아무것도 하지 않은 사람 아기에게 엄청나게 많은 양의 텍스트를 들려주기만 해서는 언어를 습득할 수 없는 이치와 같다.[23] 또한 최근 인공지능의 언어 학습과 의미 이해와 관련된 연구에서 ChatGPT와 같은 생성 AI가 인간의 언어를 이해하지 못한다고 주장한다. 이 연구의 핵심은 인간의 언어에서 말하는 의미(meaning)는 의사소통의 동기(communicative intent)를 언어라는 형식(form)으로 표현할 때 발생하는 것이라 하였다. 즉 사람이 "배고파."라는 말을 하는 것은 위장이 느끼는 화학반응과 텅 빈 냉장고를 열어 보고 난 후의 간절함이 반영된 것이라는 것이다.[24]

이와 반대로 생성형 AI가 언어를 만들어 내는 방식은 방대한 데이터의 패턴 학습을 통해 상관관계를 인식하는 방법이다. 인터넷상에 존재하는 수십억 건의 방대한 문헌을 학습하여 문장의 단어 어순의 빈도, 주의도 등의 상관도를 분석하여 문장을 만들어 낸다. 예를 들어, '사과'라는 키워드를 입력하면 '사과' 앞에 '빨간', 뒤에 '맛있다'가 높은 빈도로 학습 데이터에 존재하기 때문에 '빨간 사과는 맛있다'라는 문장을 생성하게 된다. 이러한 기본 원리에 사용자가 질문하는 문장(프롬프트)과의 상관관계를 분석하여 답문을 생성한다. 그렇기 때문에 엄청난 양의 학습 데이터가 입력되어야 문장을 생성해 낼 수 있는 것이다. 이렇듯 생성형 AI는 인간이 가지고 있는 언어 구조의 효율성에 훨씬 못 미치는 구조이다.

이러한 맥락에서 인간은 언어를 사용해 설명을 만들어 낼 수 있지만, 생성형 AI는 설명을 생성해 내지 못하고 단순한 상관관계를 추론할 뿐인 것이다.[25] 설명 능력에 대해서 '뉴턴의 사과'를 예로 들 수 있다. 사과가 나무에서 떨어지는 현상을 보고 뉴턴은 중력의 작용을 발견하고 만유인력의 법칙을 제안했다. 만약 '뉴턴의 사과'와 '중력'에 관련된 모든 문헌을 제거하고 뉴턴에게 주어진 상황과 똑같은 현상을 생성형 AI에게 제시한다면, '사과가 떨어진다'라는 묘사를 넘어서는 설명을 할 수 없다. 또한 사과가 나무에서 안 떨어지는 경우에 대한 설명(중력이 작용하지 않는 경우)도 할 수 없다. 즉 '왜 사과가 땅에 떨어지는가에 대한 근본적인 설명을 할 수 없다'라는 말이다.

마찬가지로 중세 시대 천문학계의 혁명적인 사건인 '코페르니쿠스의 지동설'도 인간의 생각하는 능력이 빛을 발한 사건이다. 이 사건은 모두가 '태양이 동쪽에서 떠서 서쪽으로 진다'라고 보이는 현상만을 진리로 믿고 있을 때, 현상의 이면을 탐구하고 해석한 혁명적 사건이었다. 동일하게 '코페르니쿠스의 지동설' 관련 문헌을 모두 제거하고 생성형 AI에게 학습을 시킨다면, '해가 동쪽에서 떠서 서쪽으로 진다'는 단순한 묘사와 예측 이상을 할 수 없을 것이다. 결론적으로 인공지능은 '현상의 깊은 곳의 원리를 찾아내는 생각의 능력(설명력)이 없다'라는 것이다. 결국 인공지능에게 '깨달음', '유레카'라는 것은 없다.

인간의 영성, 엣지(edge) 있는 차별화 무기

앞서 살펴본 생성형 AI가 가지고 있는 언어력의 한계와 더불어 집단화의 한계를 살펴볼 필요가 있다. 어쩌면 이 두 문제는 인간의 고유성인 생각하는 능력과 관련된 일맥상통하는 문제일 수도 있다. 최근까지 생성형 AI는 인터넷상의 수십억 건의 문서를 학습한 것처럼 방대한 데이터 학습이 이루어졌다. 다시 말해서 수많은 사람들의 사상, 기호, 가치관 등이 녹아 있는 데이터를 학습하면서 동시에 집단화, 패턴화 시킨다. 그 과정에서 개인이 가진 고유한 개인성은 붕괴된다. 소위 말하는 엣지(edge)가 있는 의견들은 AI의 최적화 과정을 거쳐서 깎이고 붕괴된다.

우리가 ChatGPT에게 질문하면 그럭저럭 무난한 대답을 얻을 수 있는 것은 단순한 빅데이터를 해석한 결과이기 때문이다. 앞서 살펴보았듯이 생성형 AI로 인해 향상된 범용 인공지능의 가능성은 결국 인간의 집단 지성을 토대로 한다. 이러한 생성형 AI는 다수의 경향성과 패턴을 확률로 최적화하는 정보를 재생산하는 것이다. 그렇게 되면 막대한 대중의 데이터에 의해 극소수의 의견을 내포한 데이터는 묻혀 버리고 말 것이다. 이른바 개인성의 상실이다.

이와 관련해서 참고가 될 만한 좋은 사례가 있다. 그것은 바로 예측 불가한 개성적 전략으로 인공지능과의 대결에서 승리한 사례이다. 2023년 미국에서 아마추어 5단 실력의 기사가 실제 알파고 이후로 난공불락이던 바둑 알고리즘과의 대국에서 15전 14승 1패로 최종 승리하는 이변이 발생했다. 이 사건의 주인공은 미국 맥길대학교의 컴퓨터과학 박사과정 학생인 켈린 펠린(Kellin Pelrine)이다.[26] 현재 인공지능 바둑 프로그램 중 알파고는 현역에서 은퇴한 상황이다. 펠린이 승리한 대상은 최근에 개발된 카타고(KataGo)라는 프로그램으로 알파고처럼 인간이 이기기 힘든 높은 수준의 실력을 가지고 있다. 하지만 펠린은 바둑 입문자도 두지 않을 이상한 수로 카타고를 제압했다. 카타고는 펠린이 두는 이상한 수에 대해서는 경험과 학습이 되지 않았기 때문에 속수무책으로 당할 수밖에 없었다.

마찬가지로 2016년 알파고를 상대로 유일한 1승을 올린 이세돌 9단도 알파고가 학습한 기보(棋譜)에 없는 묘수로 수세에 몰린 바둑을 역전시킬 수 있었다. 마치 전쟁터에 나간 AI 군인이 빅데이터라는 철통 갑옷으로 무장하여 전쟁에 맞서지만, 그 갑옷 사이 연약한 솔기를 뚫고 저격하는 공격에 심장을 맞고 속절없이 무너지는 것과 같다. 이 같은 승리는 인간 개인이 가진 차별화된 통찰과 의외성의 성과로서 AI가 흉내 낼 수가 없다. AI에겐 촌철살인이 없는 이유이다. 또한 이와 관련해서 미 버클리대 컴퓨터과학과 스튜어드 러셀 교수는 "가장 진보적인 바둑 인공지능에서 결함이 발견된 것은 그 기반이 되는 딥 러닝 시스템의 근본적인 문제점을 대변해 준다"고 말했다.

인공지능은 승리를 위해 막대한 데이터를 입력하여 최적화된 학습을 한다. 그러나 AI가 인간의 두뇌 작용인 창발성, 의외성을 이해할 수 없다. 여기서 우리는 인공지능과 차별화되는 인간의 역량을 발견할 수 있다. 인과율에 지배를 받는 인공지능과 같은 기계적 사고에 국한되지 않고 초월적 사고의 근원인 영성이 바로 그것이다. 영성은 앞서 살펴본 에클스의 실험에서도 알 수 있듯이, 과학의 기본 원리인 인과율을 초월한다. 에클스는 이러한 외부 세계와의 교감 작용을 담당하는 부위가 인간의 두뇌에 있을 것이라는 추측을 하고 이를 오픈 모듈(Open Module)이라 불렀다. 오픈 모듈이라는 채널을 통해 영성의 작용 대상이 되는 정신 영역 너머에 있는 차원(신적 존재, 내면의 잠재의식 등)과의 교감 작용이 활성화된다. 이러한 맥락에서 인공지능이 인간의 지능과 의식을 완벽히 모방해 내는 것은 불가능하다. 인공지능은 정교한 알고리즘에 의해 입력 정보와 출력 정보를 제어하기 때문에 알고리즘을 넘어서는 영역은 개입될 수 없는 구조인 것이다.

이러한 작동 원리에 의해 인간의 영성은 전혀 뜻밖의 창의적 사고와 직관력 그리고 인간과 존재에 대한 깊은 교감 작용을 일으킨다. 우리는 이러한 점에서 인공지능의 침투에 대응할 수 있는 인간만의 차별성을 발견할 수 있다.

영성으로 영감의 문을 열어라

그렇다면 영성이란 무엇인가? 영성(Spirituality)의 정의는 정확하게 하나로 정리되어 있지 않다. 플라톤사상의 이원론처럼 인간은 영혼과 육체로 구성되었다는 관점에서 영성은 우리의 영혼과 관련된 속성이다. 이러한 영성은 크게 두 가지 개념이 있다. 첫째는 인간의 외부적 개념의 영성이다. 이는 신적 존재와의 교감을 통해 발현되는 개념이다. 이 개념은 종교적 의미의 영성과 관련이 깊다. 주로 종교적 교리와 신앙 체계 안에서 작동한다. 종교적 의미의 영성은 수평적으로는 구성원 간의 영적 소통, 수직적으로는 창조주(신)와의 상호작용성으로 기도(인간의 소원과 대화)와 계시(신의 뜻)로 이루어진다.

둘째는 인간의 내부에서 작용하는 개념의 영성이다. 이 개념 안에서 인간의 내적 자원의 총체이며 육체적인 한계에 제한되지 않는 비물질적이며 정신적인 인간성을 의미한다.[27] 내부적 개념의 영성은 인간의 정체성과 관련이 깊으며, 존재의 의미와 가치를 내면의 성찰로부터 발견한다는 것이다.[28] 또한 인간 내면의 핵심 가치들인 사랑, 용서, 희망, 감사, 겸손, 긍휼, 정직, 도덕 등을 실현하는 것을 영성이라 정의한다.[29]

이처럼 영성에는 외부적, 내부적 두 개념이 있으나 두 개념이 또 서로 밀접히 연관되어 있다. 인간의 외부에서 신적 존재와의 교감과 영적 체험이 일어나면 인간의 내부에서 깊은 성찰과 자아의 변화가 생기기도 한다. 이와 반대 방향으로 인간의 내부로부터의 성찰을 통해 외부의 신적 존재를 발견하고 교류할 수도 있다. 이러한 이유로 영성에 있어서 외부적 개념과 내부적 개념을 물과 기름처럼 나누기가 어렵다. 따라서 본서에서는 영성을 두 가지 개념을 모두 포함한 광의의 개념으로 설명하고자 한다.

그리고 일반적으로 영성은 네 가지 인간 역량의 근원이 된다고 한다. 첫째, 인간의 개인 정체성과 개성이다. 둘째, 비인과적으로 창발되는 창의성이다. 셋째, 인간이 인간을 깊이 이해할 수 있는 공감력이다. 넷째, 소위 말하는 양심이라는 영성적 작용에 의해 발생하는 윤리적 지향성이다. 인간은 영성적 작용인 이 네 가지 영역을 개발해야만 인공지능과 차별화하면서 인공지능에 종속되지 않는 인생을 살 수 있을 것이다.

그렇다면 영감(靈感, Inspiration)은 무엇인가? 영감의 사전적 의미는 신의 계시를 받은 듯한 감정을 말한다.[30] 또한 인간이 마치 신과 같이 된 듯한 인간의 느낌이나 예감, 초자연적인 감각, 영혼에 대한 감각을 느끼는 마음의 기능을 의미한다고 한다. 또한 논리적인 과정을 거치지 않고 직관적으로 인지되는 심리적 상태를 가리키기도 한다. 이러한 의미에서 볼 때 영감은 신적 교감 작용과 밀접히 관련되어 있으며, 앞에서 살펴본 영성의 결과로 얻을 수 있는 고도의 영적 상태임을 알 수 있다. 영성이 주는 역량인 상상력, 창의력, 공감력 등이 영감과 밀접하게 관련되어 있기 때문에 영성과 영감의 관계는 상호 불가분이라 할 수 있다. 따라서 인간이 영감을 잘 발휘하기 위해 절실히 필요한 것이 바로 영성의 함양이라 할 수 있다.

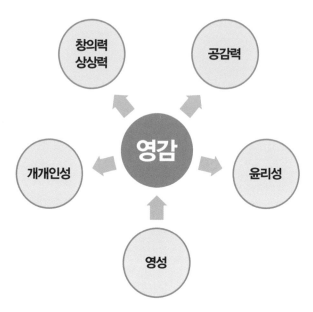

영감에서 발현되는 4역량. 출처: 저자

9. 영감의 스위치를 켜라

개개인성의 스위치

**"당신의 인생에서 가장 중요한 두 날은 당신이 태어난 날과
그 이유를 알게 되는 날이다."**

– 마크 트웨인

■ 모난 돌이 각광받는 시대, 개개인성의 가치

먼저 개개인성에 대한 고찰이 필요하다. 과거에 우리는 흔히 개성이 강하다는 것에 대해서 왠지 성질이 까다롭고 주관이 강하며 공동체에 적응하기 어렵다는 인식을 가지고 있었다. 지금까지 우리의 교육도 개성을 존중하는 것보다 공동체의 번영에 개성을 무자비하게 희생하는 방향으로 이루어져 왔다. "모난 돌이 정 맞는

다"는 속담이 이런 상황을 정확히 표현해 주고 있다. 과거 한국 경제의 고도 성장기에는 선진국을 모방 추격하는 경제 성장 모델을 구축해 왔다. 이러한 모델에서 제조업 중심의 매뉴얼화된 주입식 교육이 최선이었다. 대량 생산 체제의 제조업에 필요한 평균적이고 매뉴얼화된 노동력을 빠르게 시장에 공급하는 것이 교육의 최우선 순위에 있었기 때문이다. 그러기 위해 산업화에 꼭 필요한 평균적인 노동력 확보를 위해 컨베이어 벨트처럼 평균화된 인재들을 대학으로 사회로, 산업체로, 정부 조직으로 신속하게 실어 나르는 교육이 필요했다. 이를 위해 모든 교육 제도는 국영수 중심의 지식 주입식 교육에 초점을 맞추고 있었다. 그 결과로 한국은 세계에서 가장 빠른 근대화를 이룬 나라가 되었다.

그러나 이러한 방식이 더 이상 통하지 않는 시대를 맞이했다. 한국 기업들은 과거의 모방하는 추격자에서 지금은 선도자의 위치에 와 있다. 이제 한국기업들 스스로가 창의적 혁신으로 선도자로서 경쟁력을 지켜야 하는 것이다. 그리고 세계 공급망 재편과 AI 등 디지털 기술의 급속한 발전으로 우리 기업들은 위기와 혼란에 직면하고 있다. 한 치 앞도 예측하기 힘든 디지털 시대에 모방형 경제 모델로는 한계가 있음을 우리 기업들이 절실히 체감하고 있는 것이다.

또한 MZ 세대라 불리는 청년 세대들은 더 이상 제조업과 중화학공업 중심의 노동 집약적 일자리에 관심을 가지지 않는다. 그리고 스마트 공장, 디지털 전환 등으로 제조업 공장에서는 사람의 노동력의 수요가 줄어들고 있다. 설상가상으로 저출산과 고령화는 이러한 일자리 미스 매칭을 가속화시키고 있다. 현재는 디지털 전환, 산업 간 융합, 기술 간 융합, 비즈니스 간의 융합이 심화되고 있어 과거의 매뉴얼화된 주입식 교육으로는 마땅한 인재를 공급할 수 없다. 또한 인공지능이 인간의 노동력을 급속하게 대체하기 때문에 평균적인 산업 역군을 길러 내는 교육으로는 인간이 비교 우위를 지킬 수 없다.

전 세계를 주도하는 정계, 재계의 지도자들이 모여 세계 경제의 나아갈 방향에 대하여 토론하는 다보스포럼에서도 이제는 자본보다 인재가 중요하다고 발표하였다. 특히 디지털 시대에서 가장 경쟁력 있는 자본은 인재라는 결론을 내린 적이 있다. 이러한 디지털 시대에는 인공지능과 차별화되는 인간의 가치인 개개인성에 초점을 맞추어야 한다. 하버드대학의 교육대학원 교수인 '토드 로즈'는 그의 저서 『평균의 종말』에서 4차 산업혁명 시대에 평균화된 교육은 힘을 발휘할 수 없다고 말한다. 또한 앞으로의 교육은 개인이 가지는 개개인성의 역량을 극대화하여 기회를 창출해야 한다고 역설한다.[31]

앞서 살펴보았듯이 인공지능은 인간들이 쌓아 올린 빅데이터를 학습의 자양분으로 삼는다. 그렇기 때문에 인공지능은 학습을 거듭할수록 집단화, 패턴화되는 속성을 가지고 있다. 결과적으로 인공지능 시스템 안에서는 개인이 가지는 개개인성이 철저하게 무력화된다. 바로 이러한 점이 역설적으로 인공지능과 차별화된 인간의 무기가 될 수 있다. 필자도 생성형 AI인 ChatGPT를 사용하다 보면 가장 무난한 답을 빨리 찾아 주는 편리함은 있지만, 나만의 개성적인 생각을 표현하기에는 어려움이 있었다. 생각해 보라! 모든 학생이 ChatGPT가 내놓는 대답으로 보고서를 쓴다면 그 보고서에서 어떠한 개성을 찾아낼 수 있을까? 혹자들은 질문을 달리하면 다른 대답이 나온다고 하지만 동일한 주제에 대해 질문을 변형하는 것도 개개인의 역량에 달려 있다. 즉 개성이 발달되지 않은 사람은 개성적인 질문도 할 수 없고 개성적인 대답을 이끌어 낼 수도 없다. 결국은 인공지능에게 생각을 아웃소싱하며 개인이 가지는 개개인성을 반납할 수밖에 없는 세상이 될 것이다. 그렇게 되면 개개인성을 상실한 인간을 빅데이터로 만들어진 인공지능시스템이 보다 쉽게 통제할 수 있는 시대가 다가올 것이다. 인공지능이 생각을 대신해 주고, 상품을 추천해 주고, 소설도 대신 써 주고, 노동까지 해 주는 편리함이 결국 몰개성의 무미건조한 인간사회를 만들게 될 것이다.

이와 반대로 인간이 개개인성을 충분히 발휘한다면 인공지능의 생각을 뛰어넘는 창의적이고 독특한 결과물을 얻을 수 있다. 예를 들어 소설가가 큰 그림의 세계관을 기획하고, ChatGPT가 세부적인 소재를 찾아 주고, 교정을 도와주는 협업 모델을 생각해 볼 수 있다. 2023년 서울을 배경으로 하는 좀비 이야기의 시나리오를 써 달라고 하면 ChatGPT는 기다렸다는 듯이 천편일률적인 아래와 같은 좀비 소설의 서사 구조를 나열해 준다.

서울의 한 연구소에서 미치광이 과학자가 영생을 위한 무모한 실험을 하다가 바이러스가 실험실 밖으로 새어 나가, 서울 시민 대부분이 감염되어 좀비가 된다. 주인공은 살아남은 사람들과 좀비에 대항할 군대를 만들어 반격한다. 마침내, 생존과학자의 실험에서 좀비 바이러스를 무력화시킬 수 있는 항체를 발견하여 인류의 희망이 된다. 이 항체를 무사히 생존자에게 주입하고 인류는 희망을 이어 나갈 수 있게 된다.

위의 스토리는 필자가 실제 ChatGPT4.0에 질문하여 얻은 대답을 요약한 글이다. 저 이야기는 수많은 좀비 이야기가 가지고 있는 서사 구조를 무난하게 표현하고 있다. 한마디로 작가의 개성이 드러나지 않는 서사 구조이다. 이처럼 작가의 개성이 충분히 담겨 있지 않고 무분별하게 생성형 AI를 활용한다면 천편일률적이고 무난한 독특하지 않은 창작물을 얻을 수밖에 없다.

여기에 작가의 개성을 발휘하려면 조금 더 색다른 좀비 이야기의 구조를 먼저 기획해야 한다. 순애보와 좀비 이야기를 섞어서 좀비와 인간의 진정한 사랑을 찾는 과정에서 인류를 구하는 항체를 발견하는 내용도 있을 수 있다. 예를 들어 좀비가 순수하고 진정한 사랑을 받게 되면 정상인이 되는 마치 만화 〈미녀와 야수〉와 같은 순애보를 융합할 수 있을 것이다. 아니면 좀비들이 실제 좀비가 아니라 외계인이라는 외계 SF 장르와의 융합도 가능하다. 그렇게 작가의 개성이 듬뿍 담긴 큰 그림의 창작 기획이 선행된 후에 생성형 AI와의 협업을 고려한다면 작가의 독창적인 창작물을 얻을 수 있을 것이다. 영화 〈마이너리티 리포트〉의 내용처럼 바야흐로 다수의 횡포가 지배하던 공동체에서 소수의 독창적인 의견이 빛을 발하는 시대가 열린 것이다. 이제는 그동안 다수의 눈치만 보며 숨죽여 살던 독창적인 소수가 힘을 발휘하는 시대가 온 것이다. 다시 말해 모난 돌이 정 맞는 것이 아니라 각광을 받아야 하는 시대가 된 것이다.

■ 영감을 통해 발현되는 개개인성

"상처를 치유해 주는 집단적 감정들도 있지만 그것들은 개성이라는 특권을 파괴한다. 집단적 감정 속에서는 우리 개

개의 자아들이 서로 뭉뚱그려지면서 개성이 흐릿해지기 때문이다. 그러나 훌륭한 문학을 읽으면 나는 천의 인물이 되면서도 여전히 나로 남아 있다. 그리스 시에 나오는 밤하늘처럼 나도 무수한 눈으로 보지만, 보는 주체는 여전히 나다. 예배할 때나 사랑할 때, 또 도덕적 행위를 할 때나 지식을 얻는 순간처럼, 독서를 통해서도 나는 나를 초월하되 이때처럼 나다운 때는 없다."

- C.S. 루이스

그렇다면 이러한 개개인성은 어떻게 발견하고 함양될 수 있을까? 그것은 바로 인간의 영성을 회복하는 것에 해답이 있다. 영성은 인간의 깊은 잠재력을 끌어올릴 수 있다. 그리고 영성은 우리가 발을 딛고 사는 이 땅에서 수많은 범인들이 평범한 일상을 살아가는 힘과 더 나아가 그 지루하고 반복되는 삶 속에서도 어떤 빛이 나는 열매들과 결과들을 맺게 하는 능력의 원천이다. 또한 사색과 독서, 기도, 명상을 통해 자신의 내면을 들여다보고 더 높은 차원의 경험을 하는 지고의 순간을 맛보며 그 과정에서 자신의 정체성을 발견하기도 한다. 자신의 인생 목표, 사명, 가치관 등에 대한 깊은 성찰을 하게 되기 때문이다.

미국의 대문호인 마크 트웨인은 "당신의 인생에서 가장 중요한 두 날은 당신이 태어난 날과 그 이유를 알게 되는 날이다."라고 말하며, 자아정체성을 찾아 가는 과정의 중요성을 역설했다. 또한 심리학자 칼 융은 자기실현을 '개성화'라고 부르며 의식 내부에 존재하고 있는 자아가 무의식 안의 자기(self)와 만나 동화되어 가는 자기 성취 과정이라 하였다. 다시 말해 인간의 개성화는 자아의 진정한 정체성을 찾아 가는 것이라 하였다.

심리학자 '마슬로우'는 "인간은 5단계의 욕구가 피라미드처럼 되어 있다"고 주장했다. 이 이론은 그 유명한 '마슬로우의 욕구 5단계론'이다. 마슬로우는 1단계 생리적 욕구, 2단계 안전 욕구, 3단계 소속감과 사랑 욕구, 4단계 존중과 인정 욕구, 5단계 자아실현 욕구가 있는데, 상위 단계의 욕구는 하위 단계의 욕구가 충족되어야 나타나는 것이라 하였다. 일반적으로 3단계까지의 욕구를 달성하거나, 4단계까지 달성하면 사회적으로 성공한 사람이라고 한다. 그러나 5단계 자아실현의 욕구는 최상의 욕구로서 극소수만이 도달할 수 있다고 하지만, 최상위 욕구인 자아실현의 단계는 자기 자신이 이 땅에 태어난 숭고한 사명과 관련이 깊다. 예를 들어, 우주의 비밀을 깨달아 고상한 진리에 도달하여 많은 사람을 깨우치는 사명을 받은 일이나, 전쟁터에 나가 용맹하게 싸우거나 또는 다친 병사를 구조하고 치료하는 일 모두 누군가에게 숭고한 사명이 될 수 있다. 그리고 남을 위해 봉사하는 작고 사소한 일이든지 혹은 동네 앞마당을 쓰는 그 일조차도 매일 기쁜 마음으로 한다면, 그 사람에게는 지구의 한 모퉁이를 청소하는 숭고하고 아름다운 사명으로 승화될 수 있는 것이다. 결론적으로 자아실현의 욕구는 진정한 존재의 이유와 정체성을 찾아가는 과정과 밀접히 관련되어 있다.

이러한 맥락에서 인간의 영성은 자아 내면의 깊은 곳으로부터의 성찰 또는 외부의 신적 존재와의 교감을 통해서 인간의 진정한 존재 이유를 찾아 가는 데 큰 역할을 한다. 기도와 명상과 같은 영적 성찰은 개인으로 하여금 지고지순(至高至順)한 경험을 하게 만든다. 인간이 이러한 지고지순한 경험을 하는 순간 두뇌에서 엄청난 양의 도파민이 분비가 된다.[32] 그리고 이렇게 분비된 도파민은 일상생활에 활력을 주며, 헤로인, LSD와 같은 마약에서 생성된 도파민과는 달리 급격히 인체에서 빠져나가지 않아 도파민 수용 체계를 무력화시키지 않는다. 즉 금단현상이 없다는 말이다. 흔히 공산권 국가에서 '종교는 아편과 같다'고 비판하며 종교인들을 숙청하고 국가에서 종교 행위를 엄격히 금지하고 있다. 하지만 이는 반은 맞고 반은 틀린 얘기다.

종교에서 추구하는 영적인 행위들은 아편과 같은 마약처럼, 엄청난 양의 도파민을 분비하여 인간을 행복하게 한다. 왜냐하면 앞에서 설명하였듯이 이러한 영적인 행위로 인해 인간은 존재의 이유와 사명을 깨닫는 지고(至高)의 체험을 하기 때문이다. 여기까지는 그들의 주장이 맞다. 하지만 영성을 추구하는 행위는 마약처럼 도파민 수용체를 붕괴시키지 않고, 체내에 지속적으로 선순환을 구축한다. 이를 통해 마약처럼 금단현상을 일으키지 않고 인간의 삶을 영성적, 정신적, 육체적으로 윤택하게 만들어 준다.

이와 관련한 개인적인 체험을 소개하고 싶다. 본래 나의 꿈은 노벨 과학상 수상자가 되는 것이었다. 그 꿈을 위해 두뇌신경공학 연구에 매진하고 있었을 때이다. 연구를 심화 발전시킨다면 노벨 생리의학상을 받을 수 있다는 자신감에 차 있었던 시절이었다. 그러기 위해 미국 유학은 필수 과정이었고, MIT미디어랩의 인공지능 관련 연구소에 박사과정으로 진학하는 것은 노벨상을 위한 징검다리라고 생각하였다. 하지만 막상 진로의 문이 닫히고 목표를 상실하자 막막한 현실에 낙담하여 방황과 아픔의 시간을 보낸 때가 있었다.

쉼 없이 앞만 보고 달려가던 경주마 같던 삶은 그 후로도 나의 의도와 상관없이 강제 쉼표와 강제 물음표를 던지는 상황에 자주 놓이게 되었다. 앞이 보이지 않는 어두운 동굴을 지나면서 그것이 동굴인지 터널인지조차 알 수 없어 답답할 때가 수도 없이 많았다. 그러나 그 고통의 시간은 나를 더 강하게 만들어 주었고 영감의 가치를 발견할 수 있었던 소중한 시간이 되었다. 사람은 어려울 때 무언가 조금이라도 앞날에 희망이 있거나, 아주 조금이라도 지금보다 나아질 것이라는 소망과 기대가 있을 때 그 시간을 버틸 수 있다. 당시 나는 축축하게 젖은 어두운 길에 떨어져 있는 작은 밤 한 톨, 한 톨을 주우며 동굴을 걷는 느낌이었다. 그런데 그런 밤 한 톨 같은 희망은 홀로 조용히 기도할 때, 영성을 추구할 때 주어졌다. 때론 영감 어린 어떤 이들의 위로와 대화, 혹은 먼저 그 길을 걸어간 사람들의 이야기와 책을 보며 반드시 나의 존재 이유와 사명이 있을 것이라 믿었다. 그리고 결국 그렇게 조금씩 회복되는 시간 속에서 나의 정체성과 사명을 찾아 나갔다. 만약 그때 계속 낙심하여 방황하고 방탕하게 시간을 보냈다면 지금의 나는 아마 없었을 것이다.

그리고 그러한 아픈 경험과 시절을 통해 나의 사명과 비전도 발견하게 되었다. 내가 겪어 보고 나니 나와 같은 실의와 실패에 처한 다른 사람들이 보이기 시작했다. 무자비한 입시 경쟁과 청년 실업의 문제로 실의에 빠져 있는 많은 청년들이 보였고, 자신의 존재 이유와 삶의 방향, 목적을 잃고 방황하는 사람들이 보이기 시작했다. 그리고 그들이 넘어진 자리에서 다시 일어나 사명을 찾고 재능을 자유롭게 펼치는 도전적인 나라를 만드는 것에 일조하고 싶단 마음이 생겼다. 나아가 우리나라의 청년들이 각자의 재능으로 창업에 도전하여 꿈을 펼치는 나라, 기업들이 기업가 정신을 가지고 혁신을 창출하는 나라, 과학자들이 창의적 연구를 통해 노벨 과학상 수상자를 배출하는 나라에 대한 비전이었다. 마슬로우의 5단계 이론으로 설명하자면, 내 개인의 꿈이 개인에게만 머물지 않고 더 나아가 타인과 함께 성숙과 발전을 이뤄 가는 5단계의 목표였다. 즉 영성을 통해서 개인의 영달(3~4단계) 수준에 머무르는 꿈이 아닌, 5단계 자아실현의 지고지순한 목표를 가질 수 있었다.

창의력과 상상력의 스위치

상상력은 우리의 미래를 디자인한다.

- 조지 루카스

■ 신의 한 수 – 묘수를 만드는 창발성과 우연성

창의성은 인간이 지니는 특징이자 인류 문명의 원동력이었다. 창의성은 새로운 아이디어, 해결책, 접근법을 발명하거나 만들어 내는 능력이다. 이러한 창의적 사고를 통해 인류는 의외의 성과를 거두었고 눈부신 역사를 써 나가고 있다. 과학기술, 예술, 정치, 군사 등 모든 분야에서 이러한 창의성은 활용된다. 창의적 사고의 과정이 내생적인가 외생적인가에 대한 고찰이 있지만 대부분의 혁신적인 발명은 우연한 사건에 의해 촉발되는 경우가 많았다. 페니실린의 발명, 전구의 발명이 그 좋은 예이다. 이처럼 인간의 축적된 지식과 경험에 특별한 사건이 기폭제 역할을 하여 창의적인 아이디어가 촉발되는 현상을 '유레카 효과(Eureka effect)'라고 한다.

이러한 창의성이 가진 우연적인 속성을 알아보기 위해 창발성(emergence)이라는 개념을 알아볼 필요가 있다. 창의성과 유사한 개념인 창발성은 하위 차원의 존재들로 있을 때는 의미가 없다가 그러한 하위 차원들이 모여 상위 차원을 구성할 때 의미가 갑자기 발현되는 현상이다. 이러한 창발성을 복잡계(complexity) 과학에서는 창조력이 발생하는 하나의 중요한 과정으로 보고 심도 깊게 연구하고 있다. 창발성이 잘 발휘되는 스포츠가 야구이다.

야구의 경우 투수가 던진 변화구 한 개와 타자가 치는 번트와 같은 것들이 미세한 변화를 일으켜 상위 차원의 경기 전체 흐름을 바꿀 수도 있다. 9회 말 2아웃에 역전이 가능한 변화무쌍한 창발성으로 인해 야구는 다른 어떤 종목보다 재미 요소가 많은 스포츠였다. 하지만 현재 야구계는 심각한 도전을 받고 있다. KBO(한국야구위원회)는 2024년부터 AI 심판 혹은 로봇 심판이라 불리는 자동 볼 판정 시스템(ABS-Automatic Ball-Strike System)을 도입한다고 한다.[33]

이렇게 되면, 과거에는 심판마다 스트라이크 존이 다르다는 점을 전략적으로 잘 활용하는 변화구를 주력으로 구사하는 투수의 지능 플레이가 위력을 가질 수 있었다. 때로는 심판의 오심처럼 느껴지는 판정 또한 경기의 한 요소로서 승부를 가름 짓는 변수가 된다. 그러한 창발성이 다분하고 복잡도가 높은 점이 야구를 더욱 재미있게 만드는 요소였다. 하지만 AI 심판이 도입되면, 경기는 변화구 중심의 전략적 플레이보다 투수들의 구위(구속)에 의존한 플레이가 중심이 되어 재미 요소가 반감될 것이라는 예측도 있다. 그리고 우리 인생처럼 오류와 실수가 허용되는 각본 없는 드라마 와 같은 야구의 매력을 잃을 수 있다는 우려도 있다. 하지만 인간 이 영감을 잘 발휘하여 AI와 협업한다면, 마치 인생 역경과도 같 은 야구 경기의 박진감과 재미가 더해질 수도 있을 것이다.

심리학자 루웬스는 이러한 창발성은 "서로 다른 특성을 지닌 존 재 간의 협력"이라고 표현했다. 즉 창발성은 서로 다른 것들을 서 로 연결하는 과정에서 만들어지는 것으로 우연한 만남으로 새로 운 의미를 가진 것을 창출한다는 것이다. 우연성은 예기치 않은 상황에서 발생되어 사물에 새로운 생명력을 불어넣는다. 이러한 연결성은 기술 간, 산업 간, 학문 간 융합이 가속화되는 디지털 시 대에 더욱 필요한 역량으로 부상되고 있다. 또한 이러한 창발성은 ChatGPT와 같은 생성형 AI에게서는 기대하기 어려운 능력이다. 인공지능은 규정에 기반한(rule based) 알고리즘에 의해 설계되고 작동되기 때문이다. 이러한 인과율의 세계에서는 번뜩이는 우연성에 의한 비선형적 사고는 불가능에 가깝다. 그러므로 인간이 가진 우연적인 창발성은 디지털 시대의 인간이 인공지능에 비해 차별화시킬 수 있는 강력한 무기가 될 수 있다.

■ 뇌 내 엔도르핀과 창의력의 발현

영성은 인간 사고의 창의성을 촉진하는 원천의 작용을 한다. 앞서 말한 대로 영성을 통해 인간은 삶의 목적과 정체성을 찾을 수 있다. 그러한 정체성을 확보할 때, 자아를 초월한 외부의 신(神)적 존재와 연결을 할 수 있다. 그리고 그 연결로 새로운 아이디어의 원천을 얻을 수 있다. 예를 들어 깊이 있는 기도와 명상은 평소 생각보다 획기적인 아이디어를 줄 수 있다. 일본의 의학박사인 '하루야마 시게오'의 초대형 베스트셀러인 『뇌내혁명(腦內革命)』에는 이러한 영성과 창의성의 관계에 대하여 과학적인 접근을 하고 있다. 이 책에서는 뇌 내 엔도르핀이 분비될 때에는 반드시 집중력의 뇌파(腦波)인 알파파가 동시에 나온다고 한다. 많은 연구 결과에서 알 수 있듯이 두뇌의 알파파는 사람으로 하여금 고도의 집중력과 창의성을 발휘하게 하는 소중한 뇌파이다. 이러한 알파파가 뇌 안의 엔도르핀이 분비될 때 활성화된다는 것은 놀라운 발견이다. 그렇다면 이러한 뇌 내 엔도르핀이 극대화되기 위한 조건은 무엇일까? 바로 기도, 명상, 감사, 긍정 사고, 인생의 정체성 발견과 같은 영적인 행위가 뇌 내 엔도르핀과 알파파 뇌파를 촉진한다는 것이다.[34]

이러한 영적인 행위들은 인간으로 하여금 플러스 발상을 하게 하여, 뇌 내 엔도르핀 분비를 자극하고 뇌파가 알파파로 변환되면서 대뇌의 전두엽이 활성화된다. 대뇌의 전두엽은 인간의 창의성을 관장하는 주요 부위이다. 이렇게 전두엽이 활성화되면 잠재의식과 의식이 결합되어 영감이 발휘되기 쉬워진다. 아울러 문제를 해결할 수 있는 고도의 창의성이 발휘될 수 있다. 이런 이유로 기도와 명상과 같은 영적인 행위와 창의성은 불가분의 관계이고, 고대로부터 수많은 철학자(아우렐리우스의 명상록 등), 예술인들이 창의성 발휘를 위한 방법으로 애용해 왔다. 그리고 이렇게 창의력을 발휘하게 될 때의 깨달음은 마찬가지로 우리 뇌의 보상 영역과 쾌감 중추를 폭발적으로 활성화시킨다.[35] 창의력이 발현될 때 우리 뇌의 보상 시스템은 활성화된다. 그때 활성화되는 뇌의 보상 시스템은 물질적 보상에 의한 반응이 아니라 삶의 동기와 성취감을 느꼈을 때 활성화되는 부위이다. 이 메커니즘은 마약이 주는 쾌감과 달리 금단현상이 없다. 결론적으로 창의력의 발현은 그 과정에서 우리 뇌의 선순환을 지속적으로 만들게 되는 것이다.

또한 기도와 명상과 같은 영적인 체험은 우리가 가지는 현실과

의식 수준의 한계를 초월하게 하여 우리가 가진 엄청난 잠재력을 끌어내 준다. PART 2에서 설명한 신경과학자 '앤드류 뉴버그'의 실험에서 알 수 있듯이 인간이 고도의 영적 체험을 하게 되면, 자신의 물리적 위치와 한계를 초월하는 것처럼 두뇌의 상태가 전환된다. 이 상태는 자신을 마치 신적 능력을 가진 것처럼 인지하게 만들 수 있다는 것이다. 즉 기도와 같은 영적 행위는 인간으로 하여금 현실의 한계를 능히 극복하게 만드는 초월적인 담력을 얻게 하는 기회가 될 수 있다.

나는 일이 잘 풀리지 않거나 어려운 상애를 만나 절대질명의 지혜가 필요할 때, 새벽을 깨워 기도하곤 했다. 그때마다 오묘하고 독창적인 지혜가 샘솟으며 문제 해결에 대한 아이디어가 떠오른 적이 많았다. 대학원 시절 석사학위 논문의 주제를 놓고 무거운 고민을 하고 있을 때였다. 당시 나는 난해한 두뇌신경공학을 석사학위 논문 주제로 선택했다. 어렵고 생소한 주제라 계속되는 실험에도 만족스러운 결과가 나오지 않을 때가 많았다. 이러다간 졸업이 어려울 수도 있겠다는 마음이 들었다. 그러자 나도 모르게 혹여라도 이 논문을 계속 고수해서 졸업을 못 하고 학위를 못 따게 되면 어쩌나 하는 두려움이 생겼다.

나는 결단을 내려야 했다. 이 문제를 놓고 절박한 마음으로 기도도 하고 고민과 생각을 많이 했다. 그렇게 답을 구하던 어느 날

새벽에 마침 그날 설교 말씀 주제가 '깊은 곳에 그물을 던지라'는 내용이었다. 그 내용은 나사렛 예수가 처음으로 베드로를 만나는 장면이다. 하루 종일 밤이 새도록 물고기 한 마리 잡지 못하던 어부 베드로에게 깊은 곳(물고기가 먹이 활동을 하기 어려운 곳)에 그물을 던지라는 말은 가능성이 희박한 모험이었다. 하지만 베드로는 예수의 말대로 깊은 곳에 그물을 던져 153마리의 물고기를 잡아 그물이 찢어질 정도의 만선을 경험했다. 이 구절에서 용기와 힌트를 얻게 된 나는 희박한 확률에도 불구하고 두뇌신경공학을 적용하여 석사 논문을 쓰기로 결심했고, 2년 만에 학위를 취득할 수 있었다. 또한 연구의 결과가 국제 학회에서 발표되는 등 연구적으로도 큰 성공을 거두었다.

결국 기도라는 영적인 행위가 현실의 한계를 초월하는 담력을 주었고 동시에 뇌의 엔도르핀을 자극하여 알파파 상태로 뇌를 전환되게 한 것이다. 그리고 실제로 내가 대학원 과정에서 연구할 때 기도의 효과에 대한 실험을 한 적이 있다. 그래서 기도하면서 뇌파를 측정해 봤더니 슬로우 알파파 상태인 것을 확인할 수 있었다. 이러한 상황은 마치 동양화(수묵화)를 보면 '여백의 미'를 강조하는 것과 같은 상태였다. 문제를 직면하여 문제에 매몰되기보다 잠시 여유를 가지고 한 발짝 떨어진 상태에서 문제를 관조하면 그 문제의 해법이 보이는 이치이다. 기도와 명상은 우리의 뇌를 그러한 '여백의 미'로 인도하는 안내자와 같은 것이다.

■ 상상력의 문을 열어라

상상력이 없었다면 이 세상은 무미건조했을 것이다. 라이트 형제의 상상력이 비행기를 현실화했고, 에디슨의 상상은 전기 혁명을 만들어 냈다. 그리고 예술가들의 상상력이 문학, 미술, 음악 등의 장르에서 화려하게 꽃을 피웠다. 이렇게 창의력을 증폭시키는 또 다른 인간의 능력이 바로 상상력이다. 창의력과 상상력의 관계는 불가분의 관계에 있으며 서로 밀접하다. 상상력은 독창적인 아이디어를 마음속으로 그려 내는 능력을 의미한다. 상상력은 기존개념과 현실을 초월해서 자유로운 사고를 가능하게 하여 문제 해결과 혁신적인 상품에 대한 아이디어를 제공한다. 창의력은 이렇게 상상력으로 그려 낸 아이디어를 현실 세계에 구현하여 새로운 가치를 창출해 내는 능력이다. 결론적으로 이 둘은 서로 상호 보완적인 관계에 있다. 상상이 현실이 되는 과정은 다음과 같다. 1. 상상 2. 현실 파악 3. 해결안 모색 + 다시 상상 4. 대안 제시 + 다시 상상 5. 현실에 구현.

개인적으로 상상이 현실이 되는 과정을 대학원 연구 과정에서 적나라하게 체험한 적이 있다. 인간의 두뇌에서는 어떤 행위를 상상만 해도 실제 행위를 한 것과 동일한 뇌파가 방출된다. 이를 뇌

과학 용어로 운동 심상(motor imagery)이라고 한다. 나는 이러한 뇌의 메커니즘을 활용해서 운동 심상을 할 때의 뇌파를 추출하고 인식하는 컴퓨터 시스템을 만들었다. 이러한 기술을 이용하면 팔다리를 움직이기 어려운 지체부자유자들이 동작 상상만으로 사물을 제어하는 것이 가능해진다. 즉 이 실험을 통해서 상상이 현실이 되는 원리가 우리의 뇌 속에 있다는 것을 알 수 있었다.

이런 의미에서 상상력은 창의력의 문을 여는 작용을 한다. 마치 『나니아 연대기』에 나오는 신비한 벽장처럼 문을 열고 들어가면 새로운 차원의 세계가 펼쳐지는 것과 같은 원리이다. 베스트셀러 『뇌내혁명』(실천편)에는 이러한 상상력의 문은 우리 두뇌의 우뇌에서 주로 일어나며 무의식 세계의 영감들이 좌뇌(현실 뇌)로 이동하여 창의적 사고가 발현된다고 했다. 이러한 이유로 상상력은 인간의 깊은 무의식에서부터 발현되며 현실 세계와 교감 작용으로 창의력에까지 영향을 미친다.

따라서 인간의 영성은 상상력과 깊은 연관성이 있다. 인간은 현실 세계를 초월하는 상상을 통해서 내면적으로는 깊은 자아 성찰과 외면적으로는 외부의 신적 존재를 탐구하며 초월적 진리와 신성에 대한 관념을 형성한다. 또한 상상력은 인간의 영감의 보고로 작용하며 내면세계 깊은 층을 탐구하게 한다. 이러한 인간의 영적인 경험들은 상상력이 활성화될 때 발생하며 예술적 영감과도 연결된다.

이런 맥락에서 상상력은 인공지능이 구현하기 어려운 영역이다. 인공지능은 빅데이터를 처리, 분석하여 그 속에서 패턴을 인식하는 과정을 통해 지능화를 구현한다. 하지만 상상력은 독창적이고 비선형적인 사고의 결과로서, 데이터 간의 상관성과 인과성을 규정짓는 것은 불가능하다. 즉 상상력을 인공지능이 모방하는 것은 불가능에 가깝다고 할 것이다. 이러한 이유로 상상력은 디지털 시대에 인간이 보유한 차별화된 무기가 될 수 있다.

하지만 우리나라에서는 엉뚱하고 기발한 상상을 하는 사람들을 몽상가라 부르며 제도권 사회에서 배제시켜 왔다. 에디슨이 한국에서 태어났다면 엉뚱한 상상을 하는 학교 부적응 학생으로 정신과 치료를 받고 있을 것이고, 아인슈타인은 수학 성적이 부족해서 원하는 대학에 입학하지 못해 물리학자의 꿈을 접었을 것이라는 자조적인 농담이 있다. 이러한 이유로 상상력이 극치로 발휘되어야 하는 물리학을 포함한 기초과학 분야에서 아직 노벨상 수상자가 없다. 그뿐 아니라 디지털 시대로의 급속한 전환에 직면한 한국은 산업계, 교육계, 정책 분야 등 사회 모든 분야에서 상상력의 부재로 큰 위기를 맞고 있다.

디지털 시대는 이전 시대보다 변화가 빠르기 때문에 다가올 미래에 대한 다양한 시나리오 기반의 상상력을 통해 대응해야 한다.

또한 디지털 시대의 기술 간, 산업 간 융합의 범위와 속도가 매우 크고 빨라서, 기존의 범위를 초월하는 상상력을 통해서 디지털 기술의 응용력을 올릴 필요가 있다. 마지막으로 상상력은 예술, 체육, 문화 콘텐츠 전 영역에서 인간의 감성과 상호작용하면서 발휘된다. 또한 앞에서 살펴보았듯이 이러한 예술 분야는 디지털 기술 특히 인공지능으로도 대체하기 어려운 인간만의 고유 영역이다. 이처럼 상상력이 충만한 몽상가들이 우리나라에 많아져서 기존 방식의 사고를 초월한 문제 해결 아이디어로 우리 사회를 한 단계 더 끌어올리기를 꿈꾼다.

공감력의 스위치

"공감은 다른 사람과 자신을 알게 되는 특별한 방법이다."

- 칼 로저스

■ 우리 뇌 속의 공감 채널: 거울 뉴런

디지털 시대에 또 다른 필요한 능력은 공감하는 능력이다. 인공지능이 모방하기 어려운 인간 고유의 능력이 바로 공감력이기 때문에 인간은 이를 강화시켜야 한다. ChatGPT의 개발사인

OpenAI 사의 CEO 샘 알트만은 AI 기술이 인간의 일자리를 대체해 나갈 때 가장 경쟁력 있는 직업 분야를 한마디로 정의했다. 그는 인간이 했을 때 더 잘할 수 있는 일과 자연스러운 일이 인공지능이 대체하기 힘든 분야라고 했다. 또한 영국 BBC에서는 사람을 상대로 고도의 공감 능력이 필요한 의료(간호, 돌봄 등), 교육(심리 상담, 코칭 등) 분야의 많은 일자리들은 인공지능에게 대체되기 어렵다고 진단했다. 인공지능 전문가인 시노베이션 벤처스의 CEO 리 카이푸는 "높은 수준의 창의성과 고차원의 전략적 의사 결정이 필요한 직업군과 높은 수준의 정서 지능과 공감 능력이 필요한 직업은 인공지능의 공세 앞에서도 비교적 안전할 것이다."라고 주장했다.

이러한 공감력은 영성과 밀접히 관련되어 있다. 인간은 영적인 존재로서 다른 사람과 연결된 삶을 살기를 원한다.[36] 그리고 다른 사람들과 함께하는 것의 중요성을 인식하고 지속적으로 연계성을 추구한다. 이러한 연결성을 상호연계성(Interconnectedness)이라 부른다.[37] 이러한 사회 구성원의 영성은 매일매일의 삶 속에서 상호 연계성을 추구하며 인간 사회의 공감 증진에 기폭제와 같은 역할을 한다.[38] 앞에서 설명한 대로 인공지능이 대체하기 어려운 직업인 간호와 돌봄은 공감력이 많이 필요한 분야이다. 실제 연구에서 간호사들의 공감 능력을 향상시키기 위해 영성을 증진하는 프로그램을 추진한 사례가 있다. 연구의 결과는 영성 증진 프로그램을 받은 간호사들의 공감 수준이 향상되었음을 증명했다.[39] 또한 영성의 증진은 자아에 대한 이해와 인식의 확장과 타인과의 관계를 긍정적으로 조화시킬 수 있는 내적 역량을 향상시키게 하였다.

또한 인간의 두뇌에는 이러한 공감력의 작용을 담당하는 메커니즘이 존재하고 있다. 1990년대 초 이탈리아 출신의 신경과학자인 리졸라티 실험팀은 거울 뉴런(Mirror Neurons)을 발견하였다.[40] 리졸라티는 원숭이의 행태를 관찰하다 다른 원숭이의 행동에 똑같이 반응하는 뉴런(신경세포)의 존재를 발견하고 이를 거울 뉴런이라 명명했다. 거울 뉴런은 다른 행위자의 행동을 관찰만 해도 그 행동을 할 때와 동일하게 활성화된다. 즉 사람은 타인의 행동이나 생각을 시뮬레이션화하여 자신의 것처럼 체화할 수 있다는 것이다. 인간은 거울 뉴런을 통해서 개념적 추리를 하지 않고 심상적인 시뮬레이션만으로 타인의 감정과 행동을 공감할 수 있다는 놀라운 사실을 발견했다. 그래서 거울 뉴런은 공감 뉴런(empathy neuron)이라는 별명으로 불린다. 학계에서는 거울 뉴런의 발견을 DNA의 발견만큼 중요한 사건이라 하였다. 하지만 사람과 유인원이 거울 뉴런의 반응에서 차이가 있다. 유인원의 거울 뉴런은 관찰되는 행동 목표가 명확할 때 활성화된다. 예를 들어 원숭이는 바나나를 먹을 수 있는 뚜렷한 생리적 목표가 있을 때 다른 원숭이의 행동을 공감하며 모방한다.

하지만 사람은 행동 목표가 명확히 관찰되지 않아도 거울 뉴런이 활성화된다. 인간의 거울 뉴런은 행위의 실행 방식이나 목적성 모두에서 정교하게 활성화된다. 바로 이러한 점이 인간과 다른 동물과의 차별화를 만들어 낸다. 인간은 다른 사람들의 행위의 목적성이 불분명해도 다시 말해, 손해나 이득을 초월해서 공감과 모방이 가능한 존재이다. 이러한 공감과 모방의 증식이 인간 사회의 새로운 행동 패턴으로 발전하기도 하고 사회 제도, 과학 기술로 발전하게 되었다. 또한 인간은 이해득실을 초월한 가치 기반의 윤리, 철학, 문화를 꽃피울 수 있었다.

■ 크리스마스의 기적을 만든 공감력

이와 관련하여 제레미 리프킨의 『공감의 시대』에는 전설적인 일화가 소개되어 있다. 1차 세계대전이 진행 중인 1914년 12월 24일 저녁 영국과 독일의 접전 지역인 프랑스 플랑드르 지방에서 벌어진 일이다.[41] 독일군 병사들이 먼저 크리스마스트리에 수천 개의 촛불을 붙이기 시작하였고, 크리스마스 캐롤을 부르기 시작했다. 이 광경을 넋을 잃고 바라보던 영국군은 독일군이 부르는 캐롤에 손뼉을 치며 화답하기 시작했고, 하나둘씩 독일군 진영으로 넘어가기 시작했다. 그리고 불과 24시간 전만 하더라도 서로를 죽이던

양국 병사들은 서로 하나가 되어 크리스마스이브의 작은 파티를 하였다.

이 사건은 크리스마스의 기적이라고 불리며 인간사에서 전쟁을 초월하여 인류 보편의 가치에 기반한 대표적 공감 사례로 손꼽힌다. 이 사건을 통해 인간은 다윈식의 적자생존 방식의 경쟁 개념보다는 공감이라는 고차원적 개념으로 이해해야 한다는 사실을 깨달을 수 있었다. 다시 말해 인간은 적대적 경쟁보다는 공감을 통한 유대감을 고차원적 욕구로 지향하는 존재라는 것이다. 인간의 이러한 공감력을 인공지능은 쉽게 모방하기 힘들다. 그 이유는 인공지능을 구현하는 알고리즘이 효율성(비용 편익을 고려한 자원 분배)과 합목적성(목적을 위한 일관성)에 의해 설계되어 있기 때문이다.

앞서 예를 든 '크리스마스의 기적' 일화에서 병사들을 전쟁 AI가 탑재된 로봇 군인으로 대체한다고 생각해 보자. 먼저 로봇 군인은 그들에게 배달된 크리스마스트리를 혹시나 적군이 보낸 트로이목마와 같은 폭발물이 아닐까 위험성, 안전성 검사를 하게 된다. 그 이후 안전하다고 판단되면 크리스마스트리로 진지를 구축하거나 하는 등의 전쟁용으로 활용할 것이다. 설사 AI에 크리스마스트리에 촛불을 붙이고 예수님 탄생을 기쁘게 하는 알고리즘이 탑재되어 있다 하더라도, 상대편(영국) 로봇 군인들은 적군(독일)의 행태를 공격 신호인지 유심히 관찰할 것이다. 공격 신호가 아님을 확인한 영국 로봇 병사들은 그냥 계속 경계만 할 뿐 추가적인 행동은 하지 않을 것이다. 여기까지가 로봇 군인들의 한계가 될 것이다. 만약 영국 로봇 병사들이 독일군 진지로 이동한다면 독일 로봇 병사들은 즉각 대응 사격을 하여 전멸시켰을 것이다.

그럼에도 불구하고 만약 모든 로봇 군인들에게 전쟁 중에도 공감 알고리즘을 활성화시킬 수 있는 알고리즘을 탑재한다면 상기의 기적을 구현할 수도 있을 것이라 생각하지만 그것은 착각이다. 수많은 개별 로봇 군인들의 모든 행동이 위협이 될 수 있는 전쟁이라는 특수 상황에서 하나의 평화 분위기(무드)로 합일이 되는 경우의 수는 불가능에 가깝다. 이것이 인공지능 알고리즘의 효율성과 합목적성이고, 유인원 수준을 초월하는 인간의 공감력을 모방할 수 없는 한계를 잘 설명해 준다. 그 이유는 목적성이 없이 고차원적 교감을 통해 공감하는 능력은 오직 인간만의 고유 능력이기 때문이다.

윤리성의 스위치

"인류의 가장 큰 행복은 매일 윤리적 문제에 관해 토론할 수

있는 능력에 있으며, 영혼 없는 인생은 인간 삶의 가치를 잃
어버리게 한다."

- 소크라테스

■ 로봇 3원칙, 인공지능이 윤리성을 가질 수 있는가?

로봇 3원칙은 로봇이 가져야 할 윤리 원칙을 간단하게 설명한
것이다. 유명 SF 작가 아이작 아시모프가 그의 단편소설인 「아이
로봇」에서 처음 제기한 후로 로봇과 인공지능 윤리관에 대한 고찰
에 자주 인용되고 있다.

제1원칙: 로봇은 인간에게 해를 입혀서는 안 된다. 또한 부작위
로써 인간이 해를 입게 두어서도 안 된다.
제2원칙: 제1원칙에 위배되지 않는 한, 로봇은 인간의 명령에
복종해야 한다.
제3원칙: 제1원칙과 제2원칙에 위배되지 않는 한, 로봇은 자기
자신을 보호해야 한다.

상기 로봇 3원칙은 간단명료한 장점이 있으나, 인공지능 기술의
발전이 급속하게 이루어지는 현시대의 복잡한 환경을 반영하기에
적합하지 않다. 최근에 로봇과 인공지능의 윤리성은 강인공지능

또는 범용적 인공지능(AGI, Artificial General Intelligence)의 가능성 속에 더욱 조명을 받고 있는 분야이다. 인공지능이 AGI로 발전한다면 인간에게 일자리뿐 아니라 안전 측면에서도 위협이 될 수 있다. 인공지능이 인간처럼 스스로 추론하고 판단하는 능력을 모방할 수 있다면, 인공지능이 인간의 통제권을 벗어날 가능성이 증가한다. 완전자율주행자의 인명 사고 문제와 사람에게 폭언을 하는 챗봇, 의료용 인공지능의 의료 사고, 전쟁 드론의 오폭과 같은 사례들이 그것이다. 이제는 고도로 발달된 인공지능 로봇이 인간을 공격한다는 SF 영화 같은 일이 먼 나라 얘기가 아닌 것이다.

2023년 11월 17일 ChatGPT 개발사로 유명한 OpenAI의 CEO인 샘 알트먼이 최근 이사회에서 쫓겨났다가 5일 만에 다시 복귀한 사건이 있었다. 이러한 해프닝이 AGI와 관련성이 높다고 추정하는 언론 보도가 나오고 있다. 샘 알트먼이 AGI를 개발하는 'Q스타'라는 프로젝트에서 그동안의 생성형 AI 모델의 한계로 여겨 왔던 수학 문제의 해답을 제시하는 수학적 사고가 가능하게 하는 기술적 방법들을 발견했다고 한다. 이런 상황에서 이사회는 AGI가 인류에 큰 위협이 될 수 있다고 예측했다. 이사회는 AGI 위협에 대비한 AI 전담 팀을 만들었고, 이 과정에서 샘 알트먼과 의견 충돌이 있었다고 한다.[42] 이러한 이유로 이사회는 샘 알트먼을 해고했는데 OpenAI에 최대 지분을 투자하고 있는 MS 사와 직원들의 강력한 저항으로 현재는 샘 알트먼이 다시 복귀한 상태이다.

또한 이러한 AI의 위험성에 대한 인식은 각국의 정부 기관에도 확대되고 있다. 2023년 11월 1일에 영국에서 열린 세계 최초의 '인공지능 안보 정상회의(AI Security Summit)'에 28개국의 AI 담당 장관들이 인공지능의 잠재적 위험으로부터 인류의 안보를 지키기 위해 회의를 했다. 그 성과로 인류의 안보를 위협할 수 있는 인공지능의 윤리성, 신뢰성, 안정성을 확보하기 위한 내용을 주요 골자로 공동선언문(AI 블레츨리 선언)을 발표했다.[43] 이 회의에서 주로 다룬 인공지능의 위협 과제는 1. 인권 침해, 2. 개인 정보와 프라이버시 침해, 3. 편견 없는 공정한 알고리즘, 4. 인공지능 개발의 윤리성과 책임성, 5. 인간에 대한 적절한 감독, 6. 거짓 정보, 가짜 뉴스와 같은 조작된 기만적 콘텐츠 등이 있었다.

이러한 상황에서 대두되고 있는 것이 AI 윤리(AI ethics)이고, 그중에서 먼저 살펴볼 문제는 인공지능에게 어떻게 인간의 윤리성을 반영할지에 대한 인공 도덕 행위자(Artificial Moral Agent, AMA) 문제이다.[44] 인공지능이 인간의 윤리 문제까지 담당할 수 있는가의 문제는 철학적인 문제이다. 윤리는 사람이 마땅히 해야 할 도리와 사회규범을 의미하는데, 과연 사회적인 가치판단 특히 정의(Justice)와 관련된 문제를 기계에게 맡길 수가 있을 것인가? 이때는 인간에게만 적용하던 윤리의 범위를 로봇(인공지능)에게까지 확장시켜 인간 사회에서 합의된 규범을 로봇에게 적용시켜 소위 윤리 알고리즘을 AI에게 탑재해야 할 수도 있을 것이다.

■ 영성과 공감력을 통한 윤리성의 발현

하지만 윤리의 문제는 인간의 영성과 공감의 문제이기 때문에 기술적으로도 인공지능이 모방할 수 없다. 연구 결과 영성과 도덕성 또는 윤리성과의 관계는 영성이 더욱 본질적으로 도덕과 윤리 그리고 선행에 앞서 작용한다. 또한 인간은 영성의 작용으로 도덕적 행동과 윤리적 행동을 하게 된다고 하였고, 결과적으로 정직, 신뢰, 성실성과 같은 덕목을 발휘하게 하여 사회나 조직에 보탬이 되게 한다고 하였다.[45] 인간의 윤리는 개인적으로는 각 개인의 양심이 근원적으로 작용한다. 개인의 양심은 인류의 태초부터 만들어져 전승(유전)되어 온 영적인 것이다. 인간은 윤리적 문제에 직면했을 때 일차적으로 양심에 근거하여 판단하고 행동한다. 그다음 개인이 학습한 가치관과 개인이 속한 사회의 구성원들 간의 합의 또는 공감대에 의해 판단한다. 이 과정에서 고도의 정신적이고 영적인 상호작용이 일어난다.

종교적 의미에서 보더라도 윤리는 경전이나 교리에서 추구하는 가치를 수직적으로는 신과의 교감 작용으로, 수평적으로는 구성원들 간 교감하며 지켜 나간다. 사회적으로도 인간의 윤리성은 이와 유사하게 발현된다. 인간의 윤리성의 구현은 사회 구성원들 간의 합의와 공감에 의해 유지 발전해 나가는 특징적인 방식이다. 앞에서 설명하였듯이 인공지능이 인간이 하는 고도의 공감력을 구현하지 못하기 때문에 결론적으로 인간의 윤리성 또한 구현할 수 없다. 이런 상황에서 고도로 발달된 인공지능이 인간의 통제권을 벗어날 가능성이 높아진다. 인간이 만든 규범 알고리즘이 오히려 인간을 통제할 수도 있기 때문이다. 그렇기에 인공지능이 인간을 공격하는 시나리오는 많은 SF영화에서 단골로 다루는 주제가 될 만큼 발생 가능성이 높은 것이다.

중국 고전소설 『삼국지』에는 이와 관련된 유명한 사건이 기록되어 있다. 바로 그 유명한 고사성어 '이인위본(以人爲本: 사람이 근본이다)'이 유래하게 된 유비군의 철수 사건이다. 조조군이 추격해 오는데 유비는 피난하는 백성들을 데리고 양양에서 강릉으로 행군하며 이동속도가 더뎌졌다. 여러 장수들이 유비에게 백성들을 버리고 먼저 군사 요지인 강릉으로 들어가 지켜야 된다고 건의했다. 하지만 유비는 '사람이 근본'이라고 말하며 백성들을 버리지 않았다. 이렇듯이 목숨이 경각에 달하는 상황에서도 자신의 신념과 가치관을 위해 생명도 아까워하지 않는 마음은 인간에게 있는 고유한 특성이다. 윤리성은 옳고 바른 일에 있어서 이해 관계를 떠나서 공감하고 책임감 있게 행동하는 고차원적인 인간의 특성이다. 이렇게 윤리성은 사람들 상호 간의 관계 속에서 영적, 도덕적인 상호작용의 결과임을 깨달을 수 있었다. 이러한 윤리적 딜레마 상황에서 과연 인공지능이 이러한 섬세한 가치판단으로 모두에게 선(善)이 되는 의사결정을 하는 것은 불가능에 가깝다.

그래서 대두되고 있는 개념이 인공지능을 인간의 윤리관으로 통제하는 것이다. 이 문제는 애초에 인공지능에 인간의 윤리성을 구현하기 어려운 상황에서 인공지능을 둘러싼 거버넌스 시스템(지배 구조)에 강력한 윤리성을 부과하는 것이다. 이 거버넌스 시스템은 인공지능을 둘러싼 수많은 이해 관계자들인 AI 개발자, 빅테크 기업, AI 사용자, 정부 기관들의 윤리성과 책임에 대한 문제이다. 앞서 언급한 '인공지능 안보 정상회의(AI Security Summit)'와 같은 세계 각국 정부의 노력들이 이러한 AI 거버넌스 시스템의 윤리성 부과를 위한 강력한 규제 체계를 마련하는 것에 관한 것이다. 즉, 인간의 윤리성이 결국 인공지능을 통제할 수 있는 기능을 하게 된다는 것이다.

이런 점에서 인간의 윤리성은 범용 인공지능 또는 강 인공지능의 공세 속에서도 인류를 안전하게 보호하는 강력한 무기가 될 것이다. 결론적으로 인공지능과 차별화되는 영성의 증진을 통한 인간의 윤리성 회복과 강화가 더욱 절실한 시대인 것이다.

INSPIRATION

PART 4

디지털 시대,
영감으로 승리하라

I N S P I R A T I O N

"단조로움이라는 현(絃)이 최대한 당겨지다가 툭 하고 끊어지는 순간, 노랫가락 같은 소리와 함께 모험이 시작된다."

– G.K.체스터턴, 「노팅 힐의 나폴레옹」 중

PART 4에는 영감으로 승리하는 비결을 담았다. 또한 PART 3에서 알아본 인간 고유의 차별화 능력인 영감을 함양하는 방법에 대해 살펴본다. 그리고 그렇게 함양한 영감으로 개인의 직업 영역, 기업과 혁신 생태계, 교육과 정부의 영역에서 각각 적용하는 전략을 제시한다. 이렇게 승리하는 전략을 각자의 분야에 적용하여 창의와 상상이 자유롭게 펼쳐지는 영감이 충만한 사회가 된다면 인공지능의 치열한 공세 속에서도 디지털 시대를 넉넉히 주도할 수 있을 것이다.

10. 영감의 원천을 찾아서

디지털 과잉의 폐해

코로나 이후 급격하게 증가한 디지털 기기의 사용 시간은 인간의 뇌를 쉴 새 없이 만들었다. 미국의 앱 사용 데이터 분석 업체 '앱애니'의 조사 결과에 따르면 전 세계 스마트폰과 태블릿 PC 이용자들은 깨어 있는 시간의 3분의 1 이상을 디지털 기기를 보는 데 사용한다고 한다. 코로나 이후 이러한 현상은 가속화되어 디지털 기기로 각종 SNS, 유튜브, OTT 등에 접속한 시간은 코로나 이전보다 30%가 증가했다.[46] 우리나라도 이러한 현상에서 예외는 아니다. 2022년 과학기술정보통신부와 한국지능정보사회진흥원이 조사한 결과 우리나라 스마트폰 과의존 위험군은 23.6%로 조사되었다.[47] 더구나 전 세계적으로 유례없이 빠른 속도로 전달되는 데이터 속도와 양은 그런 현상을 가속화시키고 있다.

디지털 과잉이 불러오는 가장 큰 폐해 중 첫째는 자기 주도적으로 생각하는 능력을 잃어버리게 되는 것이다. 이러한 현상은 생성형 AI가 발전함에 따라 더욱 심해졌다. 인간이 이러한 디지털 기술에 생각을 아웃소싱하게 되면 인간의 고유성인 사유하는 능력을 잃어버리고 수동화되기 쉽다. 이렇게 되면 인간의 창의력, 상상력은 치명타를 입게 된다.[48] 디지털 정보의 홍수 속에서 우리 스스로의 독창적인 서사는 빈약해진다. 발터 벤야민은 "서사 예술이 희귀해졌다면 정보의 확산이 이러한 사태에 결정적 역할을 했을 것이다."라고 말했다.[49] 대중문화의 예를 들어 보자. 스마트폰이 탄생하여 모바일 혁명이 일어나 디지털 기기에 의해 우리의 일상이 점령당한 2010년대 이후 엄청난 변화가 있었다. 2010년 이전의 영화는 줄거리가 충실하고 독창적인 것들이 많았다. 그러나 2010년 이후의 영화는 서사보다는 자극적인 소재와 시청각 효과에 주력하는 영화들이 많아졌다.

아마도 다양한 영상 매체의 등장과 유튜브 등을 중심으로 한 자극적이고 짧은 영상들에 익숙해진 사람들의 변화 때문이 아닌가 싶다. 그 결과로 하루 종일 그런 콘텐츠에 노출된 사람들의 집중력은 점차 약화되어 가고 있는 실정이다. 대중가요도 1990년대 황금기를 지나 2000년대까지 풍부한 감성의 독창적인 작사와 작곡이 많았다면, 최근에는 이전 가요를 리메이크한 곡이 많아졌다. 몇 년 전 2007년생인 당시 중학생이었던 아들이 나에게 "아빠, 2010년을 기준으로 그 이전 영화는 뭔가 스토리가 있고 재미있는데 그 이후 영화는 특수 효과만 빵빵하지 줄거리가 약한 것 같아." 라고 얘기를 한 적이 있다. 그러면서 아들은 옛날 영화와 대중가요를 나에게 추천해 달라고 했다. 나는 충격을 받았다. 그 시대를 살아 보지 않은 세대도 현시대의 창의력 고갈 현상에 대해서 직감적으로 느끼고 있는 것이다.

최근 원자폭탄 탄생 비화인 '맨해튼 프로젝트'를 영화화한 〈오펜하이머〉가 한국에서 이목을 끈 적이 있다. 영화를 만든 세계적인 감독 '크리스토퍼 놀란'은 대규모 블록버스터 영화를 만들면서도 CG(컴퓨터그래픽, Computer Graphics)가 반드시 필요한 상황을 제외하고는 CG 사용을 꺼리는 감독으로 유명하다.[50] 그는 어린 시절 영국과 미국을 오가며 성장하였고 어린 시절부터 다양한 영화를 자연스레 접하며 자랐다. 놀란 감독은 청소년 시절 보수적인 기숙학교에서 생활할 당시 여러 가지 공상을 하며 지냈다고 한다. 그리고 그의 대작 〈인셉션〉의 최초 아이디어도 이때 얻게 되었다고 했다. '꿈을 공유하는 사람들'이란 개념이 바로 어린 날 공상하며 보냈던 시절에 떠올린 상상의 산물이었다.

지금은 첨단 영화 기법과 고도의 디지털 기술을 활용한 21세기 영화산업시대이다. 그럼에도 놀란 감독은 여전히 자신만의 현실주의적이고 고전적인 연출 방식을 고수하고 있다. 그는 독특한 상상력과 세계관을 가지고 대형 블록버스터에도 설득력 있는 서사를 심어 놓는다. 또한 그의 영화는 거의 모든 장면을 세트장으로 만들어 실사로 촬영한다. 그러나 아이러니하게도 놀란 감독의 작품은 CG를 뛰어넘는 감동을 준다. 여기서 우리는 한 인간이 가진 상상의 힘을 발견한다. 놀란 감독의 파격적이면서도 소신 있는 삶의 스타일과 작품성은 지금 디지털 시대에서 어떻게 영감으로 승리할 수 있는지 보여 주는 좋은 예시이다.

영화 〈덩케르크〉를 촬영 중인 크리스토퍼 놀란 감독
출처: 워너브러더스

둘째, 인간의 개개인성을 잃어버리는 것이다. SNS 중독은 집단 지성과 집단 기호에 의해 집단 동조화 현상을 일으켜 개개인의 정체성과 존재감을 상실하게 하고 몰개성화를 일으킨다. SNS 중독은 다른 사람의 삶과 끊임없이 비교하게 만들어 자신의 정체성을 상실하게 만든다. SNS상에서 표현되는 각종 물질주의, 소비주의는 인간에게 비교 의식을 심어 주어 절대적 행복감을 느끼지 못하게 만든다. 이러한 부작용이 우리나라의 청년들의 우울증 증가 현상에 큰 영향을 미치고, 나아가 OECD 국가 중 자살률 1위가 된 데에 영향을 미친 것 같다.

셋째, 인간의 공감 능력을 약화시키게 된다. 디지털 기기를 통한 비대면 소통 방식이 증가하면 인간은 본래의 대면 소통을 어색하게 느끼게 되어 점점 비대면의 굴레를 벗어나지 못하게 된다. 이러한 결과로 인간이 원래 가지고 있던 대면 소통 방식에서의 공감 능력을 상실하게 된다. 사람은 사람과 직접 대면하며 소통할 때 서로 눈을 마주치고 귀를 열어 경청하며 고개를 끄덕이며 공감하고 수많은 표정과 제스처로 무언의 대화를 포함한 전인격적인 소통 방식을 활용한다. 이것은 인간의 오감(五感)을 전부 사용하여 우리의 뇌의 전반적인 영역에 자극을 주는 방식이라서 공감력은 물론 두뇌의 다른 능력도 함께 발달하게 된다. 즉 대면 소통 방식은 인간 고유의 영감을 촉진시키는 매개체로서 역할을 한다. 하지만 비대면 방식의 소통은 그러한 공감 능력의 함양에 있어 한계가 분명하다.

넷째, 정신적 피로를 가져온다는 것이다. 우리의 뇌가 빈틈없이 디지털 기기의 정보를 처리하다 보면 뇌에 과부하가 걸린다. 이때 우리의 뇌는 엄청난 에너지를 소비하게 되고, 고차원적 사고를 할 수 없게 된다. 그 결과 디지털 과잉으로 우리 두뇌의 집중력이 저하되어 고도의 몰입이 필요한 고차원적 업무와 창작 작업에 어려움을 겪게 된다. 이렇게 집중력이 저하된 사회에서는 인내력이 결핍되어 장기간 숙성이 필요한 걸작과 대작이 나오기 어려운 세상이 된다. 대중들은 가볍고 즉흥적이며 얕고 휘발성 강한 자극적 콘텐츠(예: 유튜브 쇼츠 등)에 빠지게 되어 사회 전반의 문화적 수준이 떨어지게 된다.

다섯째, 육체적으로 허약해지게 한다. 디지털 과잉은 신체 활동을 저하시켜 만성 운동 부족이 생긴다. 시력은 물론이고 목, 허리, 무릎 등의 골격계에 부정적 영향을 미친다. 또한 블루라이트 화면을 장시간 보면 수면 호르몬인 멜라토닌의 생성을 방해해서 수면 장애를 가져온다. 잠을 잘 자지 못하게 되면 신체의 면역력이 떨어지게 되어 질병에 취약한 몸이 된다. 결과적으로 디지털 과잉은 우리의 몸을 망쳐서 건강하고 활력 있는 삶을 방해한다.

디지털 디톡스(Digital Detox): 뇌를 비우는 여백의 미

이렇게 부작용이 많다 보니 참으로 역설적이게도 디지털 기술의 발원지인 실리콘밸리의 오피니언 리더들은 자신의 자녀들에게 스마트폰 대신 책을 쥐여 주고 있다. 그들은 자신의 자녀들을 디지털 기술의 노예로 만들지 않기 위해, 독서 토론과 사색을 통한 상상력, 창의력, 공감력 증진을 위한 학습을 시키고 있는 것이다.

과연 인류는 어떻게 디지털 과잉에서 벗어나 인간 본연의 영성을 회복할 수 있을까? 그 첫 번째 열쇠가 바로 디지털 디톡스(digital detox)이다. 디톡스는 인간의 신체에 들어와 있는 독소를 배출하여 건강한 육체를 유지하고자 하는 건강법이다. 디지털 디톡스는 이러한 디톡스를 디지털 기기에 중독된 우리의 정신 건강에 적용하고자 하는 것이다. 디지털 디톡스를 하기 위해 먼저 하루 중 일정 시간을 스마트폰을 사용하지 않는 시간으로 정해 둔다. 스크린 타임을 지정하여 스마트폰이나 특정 앱의 사용 시간을 통제하는 기능을 활용해도 좋다. 그러나 디지털 디톡스의 과정은 생각보다 쉽지 않은 도전과제가 될 수도 있다. 인간관계, 일, 금융, 개인 정보 등 생활 전반의 것들이 묶여 있는 디지털 기기를 끊고 잠시 디지털 디톡스의 시간을 갖는다는 것은 결단과 실천이 필요한 부분이다. 그럼에도 주기적으로 몸을 디톡스하여 건강을 증진시키듯, 디지털 디톡스를 꼭 해 볼 것을 권유한다.

그리고 그동안 빼앗겼던 우리의 시각과 청각의 감각과 생각을 도로 찾아와야 할 것이다. 비워진 시간에 깊은 사색과 창조적 작업을 하면 약화된 창의력을 회복할 수 있다. 또한 소중한 사람들과 대면하여 깊이 있는 대화를 하는 시간을 가지게 되면 좋다. 동양화를 보면 항상 빈 공간이 있다. 동양화의 빈 공간은 그림 전체에서 주는 정보의 양을 줄여 주게 되어 관객의 시선을 그림의 주제에 더욱 집중하게 만든다. 이것을 우리는 '여백의 미'라고 부른다. 그렇다! 우리의 뇌에도 이러한 '여백의 미'가 필요하다. 우리 뇌에 가득 차 있는 디지털 정보의 홍수 물을 이제는 빼 주어야 한다. 그래서 우리 두뇌에 생각할 시간과 공간을 만들어 주어야 한다. 그리고 그렇게 확보된 시공간에 우리 스스로의 삶의 이야기들을 만들어 내야 한다. 그것이 우리를 더욱 인간답게 살게 하는 길이다.

고요한 시간에 만나는 '나'

"무성한 나무처럼 사방팔방 잘 자랄 수 있는 사람은 이름이 전혀 알려지지 않은 이들뿐이다. 사람들은 자기 내면을 들

여다보고서야 내 안에 내가 너무 많다는 사실을 깨닫는다. 내 안에 사는 내가 거대한 몸집과 고유한 색깔을 드러내는 건 어디까지나 사적인 삶에서다. … 나만의 은밀한 대문을 지나서 나만의 비밀스러운 방문을 여는 순간, 비로소 거인들이 사는 땅에 발을 디딘다."

– 찰스 디킨스

그렇다면 디지털 디톡스를 통해 확보된 시간에 우리는 무엇을 해야 할까? 남들 사는 모습을 보며 괜히 부러워하고 때론 자만심을 느끼는 디지털 상대주의 속에서 빠져나와야 한다. 그렇게 정체성을 잃고 방황하는 시간을 빠져나와 각자의 고유하고도 소중한 모습 즉 개개인성을 회복해야 할 때이다. 놀란 감독이 그랬듯이, 뉴턴이 사과나무 아래에 누워 멍하니 생각에 잠겼듯이 디지털 기기 공간에 갇힌 자아를 꺼내어 쌓여 있던 오물 정보를 비워 내야 한다. 때론 산으로 바다로 들로 나가 자신만의 조용한 시간과 공간을 만들어 내야 한다. 그 시간에 우리는 홀로 자신을 마주하고 세상을 마주하며 그렇게 혼잡한 마음을 비워 낼 필요가 있다. 이렇게 깨끗하게 비워진 마음이 영감으로 가득 채워지게 되면 내가 누구인지, 내가 정말 원하는 것은 무엇인지 어떻게 살아야 할 것인지 등의 삶의 의미를 발견할 수 있을 것이다.

대학을 졸업하고 20년이 넘는 지금까지 나에게는 한 가지 습관이 있다. 그것은 매일 새벽에 기도를 하러 교회에 가는 것이다. 젊은 청년이 직장 생활을 하며 매일 새벽 기도를 하는 것은 결코 쉬운 일이 아니었다. 하지만 나는 새벽 기도가 주는 유익을 몸소 체험했기 때문에 매일 새벽을 깨울 수 있었다. 새벽 기도를 시작한 지 20년 동안 인생의 중요한 고비 고비마다 이정표를 얻을 수 있었다. 그리고 풀리기 어려운 삶의 문제들을 신비로운 지혜와 우연한 도움으로 해결할 수 있었다.

개인적으로 아침형 인간이 체질에 맞는 것도 한몫할 수 있었지만 기도가 주는 효과는 매우 훌륭했다. 여명이 오기 전에 새벽을 깨우는 행위 자체만으로도 뭔가 삶의 주도권을 갖는 신선한 느낌이었다. 인간은 누구나 물리적인 시공간의 한계 속에 살아간다. 그렇다 보니 늘 시간에 쫓기는 삶을 사는 경우가 많다. 그런데 새벽에 일어나는 행위는 오히려 시간을 주도하는 신선한 느낌을 주었다.

새벽 시간대에 우리의 두뇌는 가장 신비롭고 창의적인 뇌파인 슬로우 알파파와 쎄타파를 발산한다. 뇌과학에서 슬로우 알파파는 집중력의 뇌파로 잘 알려져 있다. 또한 쎄타파는 초능력의 뇌파라고 알려져 있으며 주로 인간이 초능력을 발휘할 때 나오는 뇌파이다. 슬로우 알파파와 쎄타파는 모두 인간의 잠재력을 극대화시킬 수 있는 상태의 뇌파이다. 실제로 대학원 시절 깊은 새벽기도의 시간에 뇌파 측정을 해 보았더니 해당 뇌파가 방출됨을 확인할 수 있었다. 이런 귀한 두뇌의 자원이 방출되는 시간에 조용한 시간을 갖고 공부를 하거나 더 나아가 영감의 시간을 갖는다면 훨씬 효율적이고 능력 있는 삶을 선점할 수 있을 것이다.

고요하고도 질적인 깊은 새벽 시간을 가지게 되면 두뇌의 깊은 곳에서 상상력과 창의력의 우물을 파고 지혜의 물을 길을 수 있을 것이다. 물론 사람마다 개인차나 습관의 문제로 새벽에 정신이 몽롱하여 집중할 수 없다고 할 수도 있다. 컨디션만 괜찮다면 본인에게 가장 최적의 시간을 확보해 퀄리티 타임을 갖는다면 좋을 것이다. 나의 아내는 바다를 무척 좋아한다. 40년을 넘게 서울에서 살다 부산에 내려오게 되었는데 하루가 멀다 하고 매일 바다를 보러 나간다. 아내는 그 시간이 가장 행복한 시간 중 하나라고 한다. 혼자 바다를 보며 산책하거나 바다를 낀 산을 걷다 보면 지친 삶의 힐링과 해방감을 맛본다고 했다. 이처럼 각자에게 맞는 최적의 시간과 장소를 찾길 바란다. 다만 우리 뇌와 몸의 용량은 한계가 있다. 마치 휴대폰 배터리가 완전 충전되어 있는 상태처럼 물리적으로 7~8시간 숙면을 취한 후 일어난 직후가 가장 활력 있고 정신이 또렷한 상태라는 것은 부인할 수 없을 것이다. 우리가 흔히 하루 종일 일을 하고 만원 버스, 지하철에 시달려 퇴근한 저녁에

방전됐다는 말을 쓴다. 우리의 몸과 뇌도 그와 같다.

대학 시절 한때 나는 밤새도록 친구들과 술잔을 기울이며 이야기하고 놀며 세상을 논하고 시대를 논하며 그렇게 밤 문화를 즐기던 시절이 있었다. 그러나 그 시절에는 왠지 모를 우울감과 허무감이 늘 그림자처럼 따라다녔다. 그렇게 즐겁지만 필름이 종종 끊기던 기억에도 없는 밤을 지나고 나면 공허감이 물밀 듯 몰려왔다. 그리고 그것을 또 잊기 위해 악순환 같은 시간을 반복했다. 그러나 새벽의 시간을 되찾은 이후부터 삶의 풍파와 어려움이 수없이 많았음에도 삶의 문제와 해결의 실마리를 찾아 갈 수 있었다. 그리고 나는 술을 끊고 나서 독서와 기도에 매진했다. 그러니 마음속 우울증과 불면증이 말끔히 사라지고 그 빈자리에 미래를 향한 꿈과 희망을 채우게 되었다.

꿈을 현실로 만드는 '인생 BSC'

"넌 꿈이 있잖아. 그럼 그걸 지켜야 해. 사람들은 자신이 뭔가 할 수 없다고 생각하면 너도 그걸 할 수 없다고 말하고 싶어할 거야. 네가 원하는 게 있다면 가져, 그게 다야."

— 영화 〈행복을 찾아서〉 중

가장 '나'다운 나를 만나는 길은 내면의 목소리에 귀를 기울일 때 발견할 수 있다. 인간은 존재의 이유를 발견할 때 더욱 행복해지는 존재이다. 인간은 스스로 존재의 이유와 인생의 사명을 느낄 때 감동과 행복을 느끼는 고차원적 존재이기 때문이다. 인간은 될지 안 될지도 모르는 로또를 사서 그것에 희망을 가지고 상상하며 부자가 된 나의 모습을 기대하는 존재이다. 하물며 희박한 확률의 로또 한 장을 사고도 그런 희망과 상상에 빠지는데 장래의 자신의 꿈이나 목표와 삶의 방향을 찾는 일은 비교할 수도 없이 고귀한 일이다. 미래에 이루고자 하는 진정한 자신의 소망을 영상처럼 머릿속에 만들어서 재생해 보는 훈련을 하면 우리의 뇌에서 엄청난 양의 도파민이 분비된다. 그렇게 되면 상상력과 창의력의 뇌인 우뇌가 작동한다.[51]

뇌과학에서는 이 순간을 '감동의 샘'이라 지칭한다. 정신의학자 그레고리 번스는 "더욱 신비로운 것은 우리의 뇌는 어떠한 것을 성취하고 달성했을 때보다 그 목표를 상상하면서 목표를 위해 무언가를 해 나가고 있을 때 더 많은 도파민이 분비된다."라고 말했다. 바로 이와 같은 이유로 우리 주변에 조기 성공하고 목표를 달성한 사람들이 겪는 깊은 허탈감을 목격한 적이 많을 것이다. 이는 옛 속담에 소년 출세는 독이 될 수 있다는 것과 상통하는 것이다. 즉 인간은 성공하고 난 후 행복해지는 존재가 아니라 성공을 향해

달려 나가는 과정을 즐기도록 프로그래밍된 존재인 것이다.[52]

이렇게 도파민의 분비가 촉진되면 우리의 뇌는 상상의 나래를 펼치게 되고, 연관된 목표와 꿈들이 꼬리에 꼬리를 물고 생겨난다. 그때 나오는 생각들을 잘 정리하여 꿈의 노트 이른바 버킷 리스트를 만드는 것이다. 보통 이 과정까지 오는 데 짧으면 세 달 길면 1년이 걸릴 수도 있다. 그만큼 우리나라는 타인(가족, 또래 집단 등)에 의한 체면과 눈치, 비교 의식이 강한 나라라는 증거이다. 타인의 꿈과 소원이 아닌 자신의 진정한 내면의 모습을 발견하기에는 주변의 외적 소음(노이즈)이 엄청나게 많은 나라이다. 입시 경쟁, 취업 경쟁, 결혼, 내 집 마련 등의 팍팍한 현실은 우리 내면의 소리를 들을 수 없게 한다. 그래서 명상을 통해 그 잡음들을 제거하고 진정한 자아를 찾아야 한다.

이렇게 어렵게 만들어 낸 우리의 버킷 리스트는 인생 전체, 10년 목표, 1년 목표의 3단계로 구성해 본다. 인생 전체의 꿈과 비전을 매일 명상하고 그 목표를 위해 10년 단위 목표를 수립하자. 그리고 1년 단위의 목표를 잘게 나누면 된다. 1년 단위 목표를 수립하고 실행하기에 유용한 도구가 바로 '목표 엑셀'이다. 나는 기업의 전략 기획팀에서 주로 근무를 했는데, 매일 회사의 전략을 밤을 새워 만들어 주면서 왜 내 인생의 전략은 만들지 못하는가에 대한 아쉬움과 괴로움이 많았다. 그래서 내가 개발해 낸 것이 바로 '목표 엑셀'

즉, 인생의 BSC(Balanced Score Card)이다. 우리 인생을 지탱하는 주요한 영역에서의 균형 잡힌 성공을 추구하는 것이 목표 엑셀 방법의 핵심이다.

목표 엑셀은 1년간 우리 삶의 중요한 네 개의 영역을 매일 관리할 수 있게 하는 목표 달성 기법이다. 네 개의 영역은 영성, 정신, 물질과 건강, 직업 영역으로 구성되어 있다. 영성은 기도와 명상, 경전(성경) 읽기, 봉사활동으로 구성되어 영혼을 건강하게 관리하는 것에 목표를 둔다. 정신적 영역은 우리의 정신을 풍요롭게 하는 것으로 독서, 공부와 같은 지적인 영역이다. 물질과 건강은 말 그대로 물질적인 영역으로서 금전(저축, 투자), 건강(운동, 다이어트)으로 구성되어 있다. 마지막 직업 영역은 각자의 직업에서 이루고자 하는 성취 목표로 구성된다. 그리고 매해 네 가지 영역의 총합을 100점 만점으로 하고, 80점 이상이 되면 매년 연말에 자기 자신에게 자기가 연초에 약속한 상을 수여한다. 나는 10년 이상 이러한 목표 엑셀을 활용하여 인생의 큰 성취와 행복을 맛보고 있다.

창의력과 상상력의 보고 – 이야기 클럽

기도와 명상과 함께 우리의 창의력과 상상력을 올려 주는 방법이 바로 독서와 독서 토론이다. 앞서 설명하였듯이, 아이러니하게도 디지털 기술의 본원지인 실리콘밸리의 유명 CEO들이 그들의 자녀들에게 스마트폰 대신 책을 주며 읽게 하고 토론한다는 사실은 참으로 시사하는 바가 크다.[53] 그만큼 독서에는 디지털 시대를 선도해 나갈 수 있는 강력한 힘이 있다는 것이다.

특별히 고전을 읽는 것은 당대 최고의 석학들을 글이라는 매개체를 통해 만나는 경험이다. 그들의 정제되고 집대성한 철학과 사상, 흥미로운 이야기들은 책을 읽는 독자들에게 엄청난 보고의 시간이자 풍부한 간접 경험의 시간이다. 시대를 앞서간 천재들과의 만남은 독자들로 하여금 생각하는 힘과 창의력을 기를 수 있게 해 준다. 그리고 문학 작품을 통해서 얻는 감동은 우리의 내면을 치유하고 회복시키기도 한다. 이렇게 혼자 해도 좋은 독서를 뜻을 공유하는 사람들과 함께 모여 독서 토론을 한다면 그 효과는 배가된다. 같은 책의 주제를 놓고 다양한 사람들의 견해를 공유하다 보면 세상을 보는 시야가 넓어지고, 공감 능력을 향상시킬 수 있다. 또한 독서 토론은 책의 주제에 대한 자신의 견해를 피력하기 위해 설득력, 논리력, 비판 능력을 발달시킨다.

나는 기획재정부에 들어온 후 기독 선교회 모임을 나가게 되었다. 그 모임에서 독서 토론 프로그램을 진행하고 있었는데 나도 자연스럽게 동참을 했다. 그 프로그램은 한 달에 한 권의 책을 읽고 모임 참가자들이 돌아가면서 발제를 하며 책의 내용에 대해 토론하는 1년짜리 프로그램이었다. 책은 주로 영성과 과학에 대한 심도 깊은 내용을 다루고 있었다. 독서 프로그램에는 동서양의 고전도 있었고, 최근 베스트셀러도 포함되어 있어 다양한 책을 읽을 수 있었다. 나는 이 독서 토론 모임을 통해 정신적으로나 영적으로 크게 성장을 하였다. 사실 이 모임이 있었기에 내가 이 책을 집필할 지식과 용기를 얻을 수 있었다.

그만큼 독서 토론은 인간의 창작 욕구를 자극하는 힘이 있다. 유명한 사례로 조앤 롤링의 '해리포터 시리즈'가 탄생하게 하는 데 큰 영향을 미친 영국의 '이야기클럽'이 있다. 약 3만 개가 넘는 영국의 이야기클럽은 창의력과 상상력이 넘치는 문화를 만들고 있다. 이야기클럽은 영국 문학과 문화 콘텐츠의 기둥이 되어 왔다.[54] 판타지 소설의 걸작인 톨킨의 『반지의 제왕』과 C.S. 루이스의 『나니아 연대기』도 1930년대 영국의 이야기클럽인 '잉클링스(Inklings)'에서 탄생했다.[55] 잉클링스는 옥스퍼드대학 주변의 인근 술집인 '독수리와 아이(Eagle and Child)'에 모인 문학가들이 매주 화요일 각자의 작품을 낭독하며 토론하는 문학 모임이었다. 이 모임의 주축 멤버가 그 유명한 C.S. 루이스와 J.R.R. 톨킨이다. 이러한 독서 토론을 통해 상상력을 교감하며 작품에 풍부한 영감을 넣어 인류 문학사에 길이 남을 대작이 탄생할 수 있었던 것이다.

이글앤드차일드(Eagle and Child, 독수리와 아이)라는 술집.
출처: 위키피디아

우리나라에도 이러한 유럽식 고급 살롱 문화를 지향하는 곳이 있다. 바로 '사유의 서재'라는 커뮤니티 공간이다. 레스토랑, 와인과 함께 프라이빗 룸 중심의 구조로 식사와 함께하는 미팅과 모임에 어울리는 공간이다. 아직 우리나라에는 위에 언급한 '잉클링스'와 같은 고급 사교 클럽이 본격적으로 활성화되지 않았지만, '사유의 서재'는 분명 디지털 시대의 사람 간의 문화적 공감을 넓힐 수 있는 기회가 될 것이라는 기대감을 준다. 이러한 고품격 담론 (discourse)이 자유롭게 펼쳐지는 커뮤니티의 장이 활성화되는 사회가 되어야 한다. 바로 이러한 사람 간의 상호작용이 디지털 시대를 주도할 수 있는 창의력, 상상력, 공감력을 자극할 것이기 때문이다.

우리나라처럼 카페와 술집이 좁은 국토에 밀집되어 있는 나라가 또 있을까? 그만큼 사람들은 공감에 목말라 있다. 하지만 역설적이게도 우리나라의 모임 문화는 깊이 있는 공감과 감동이 있는 소통을 제공하지 못하고 있다. 만약 우리나라의 수많은 카페와 술집에서 이러한 고품격 문학 모임 혹은 건강한 토론 모임이 생겨난다면 어떨까? 누구든지 자신의 이야기를 진솔하게 풀어내고, 다양한 타인의 생각을 교류한다면 어떨까? 평범한 사람들의 재미있는 이야기들로부터 천재 문학가의 걸작에 이르기까지 영감이 넘치는 활력 있는 사회가 되지 않을까? 그래서 지금의 K Pop, K 드라마를 넘어 미래에는 우리들의 이야기들이 세계적인 베스트셀러가 되고 노벨문학상 수상자도 배출하는 진정한 문화 강국을 꿈꾸어 본다.

공감력 증진의 비법: 공감적 경청과 VBC

PART 3에서 살펴보았듯이 지금과 같은 인공지능 시대에 인간의 공감력은 매우 중요한 역량이다. 이러한 공감력을 개발하기 위해서 우리는 무엇을 해야 할까? 이러한 질문에 대한 답을 얻기 위해 우리는 저명한 심리학자인 칼 로저스의 '사람 중심 대화법'을 알아볼 필요가 있다.

칼 로저스는 공감을 "다른 사람의 내적인 기준 틀과 그리고 그틀과 관련된 감정적인 요소와 의미를 마치 자신이 그 사람인 것처럼 정확하게 지각하는 것"이라 정의했다. 다시 말해 대화 상대방이 느끼는 감정을 마치 자신의 것처럼(as if) 느끼는 상태를 말한다. 상담자가 이 정도의 수준의 공감을 하게 되면 상담을 받는 사람은 자신의 감정을 제대로 이해받게 된다. 칼 로저스는 상담을 받는 사람이 깊은 공감을 받게 되면 자신 내면의 깊은 자생적 치유력을 통해 회복이 되며, 자신의 개성과 정체성을 느끼게 된다고 하였다.[56] 즉 사람은 자신의 인생 문제를 해결할 수 있는 내면의 영성을 가지고 있는 존재라는 것이다. 사람의 말을 잘 듣고 공감만 해 줘도 자신의 문제를 해결할 수 있는 해결책과 힘을 내면에서 찾아낸다. 이렇게 공감은 사람을 치유해 주고 인생의 항로를 찾게 해 준다는 것이다.

나는 이러한 공감적 경청의 효과를 깊이 있게 체험한 적이 있다. 2007년 나는 첫 직장에서 구조조정으로 명예퇴직을 당하게 되었다. 당시 첫째 아이가 막 태어나서, 생계를 위해 보험 영업일을 하게 되었다. 나는 그때까지 대학원에서 연구와 회사에서 기획 업무를 주로 보았기 때문에 영업은 생소한 분야였다. 더군다나 무형의 상품이고 가장 어려운 금융 원리가 포함된 보험을 판매하기에는 어려운 일이었다. 또한 보험은 지금 당장의 필요에 의해 구매하는 상품이 아니라, 미래에 닥칠지 모르는 위험(사망, 사고, 질병, 실직, 노후 대비 등)을 위해 구매하는 상품이라서 영업이 가장 어려운 분야이다. 그러한 나에게 희망의 한 줄기를 선사한 영업 기법이 바로 VBC(Value Based Communication: 가치 기반 대화법)이다. VBC 기법은 칼 로저스의 사람 중심 대화법을 기반으로 만든 고객 상담 기법이다. 사람들은 내면 깊은 곳에 그들이 추구하고 지향하고자 하는 가치(value)가 있는데, 이러한 가치들과 판매하고자 하는 상품의 특성과의 연결 관계를 파악하는 것이 이 기법의 핵심이다.[57]

보통 VBC는 1:1 심층 면접으로 진행이 된다. 왜(Why)라는 질문의 반복을 통해서 고객이 지향하는 핵심 가치들의 우선순위를 파악한다. 이때 고객들에게서 이끌어 낸 가치들(자유, 정의, 사랑,

풍요 등)을 계단 형식으로 배열하는데 이것을 가치 계단(Value Step)이라고 한다. 가치 계단의 가장 높은 층이 고객이 지향하는 최고의 가치인 것이다. 나는 이러한 VBC를 활용해서 고객들의 마음속 깊이 잠재되어 있는 가치를 도출해 내었다. 그 과정에서 서로 간의 영혼의 교류와 같은 심오한 공감 작용을 체험할 수 있었고, 비즈니스에서도 창조적 영감을 얻을 수 있었다.

　그때 나는 다양한 고객군을 만나 영업을 하며 가치 기반 대화법을 활용했다. 예를 들어 부모님을 암으로 잃은 사람은 가족의 사랑이 최고의 가치였고, 그에게는 암 보험을 추천해 주었다. 그리고 어릴 적 가난으로 크게 고생한 고객에게는 풍요와 자유가 최고의 가치였고, 그에게는 변액 연금과 같은 저축성 보험을 권유하는 식이었다. VBC를 영업에 활용한 후로 판매 실적이 급상승하였고, 나는 지점 최고의 영업 매출을 올린 경험이 있다. 단순히 보험을 파는 것이 아닌 미래의 가치를 파는 전략이 통한 사례였다.

　이러한 공감적 경청을 활용한다면 디지털 시대에 인공지능과 차별화된 최고의 무기를 가질 수 있을 것이다. 많은 영업 분야 특히 콜센터에서 AI 챗봇, AI 상담사가 사람 영업 사원을 대체하고 있다. 하지만 아직까지 사람을 대면해서 영혼의 깊은 공감을 끌어내야만 하는 고차원적 상호작용을 해야 하는 종교 분야, 예술 분야, 정치 분야, 영업 분야의 경우는 사람이 인공지능보다 절대우

위에 있다고 생각한다. 그때 필요한 것이 바로 공감적 경청을 기반으로 하는 공감력이다. 앞서 설명한 대로 자신의 직업 분야에 영혼을 넣어서 인간만이 할 수 있는 공감을 구현한다면 미래 사회의 승자가 될 것이다.

11. 영감으로 일터에서 승리하라

일터에서의 영성, 개개인성과 윤리성의 발현

21세기 들어 기업과 영성에 대한 관심이 급증하고 있다. 2001년 6월에 발행된 유명 경제 전문지 〈포춘(Fortune)〉에는 '신과 비즈니스'(God and Business)라는 제목의 커버스토리에서 일터 내의 영성에 대한 관심이 높아져 가고 있다고 강조하였다. 기업에서의 영성과 경제적 이익이 양립할 수 없다는 그간의 통념이 깨지고 있다고 주장하며, 미국 내 직장에서 영적 각성에 대한 수요가 증가하고 있다고 말했다.

미래학 분야의 베스트셀러인 『메가트렌드, Megatrend 2010』에서 저자는 앞으로 가장 큰 메가 트렌드 중의 하나는 비즈니스에서의 영성의 등장이라고 주장했다. 이러한 관심을 넘어서서 미국 최고의 경영학회인 'Academy of Management'에서 2005년에 경영, 영성 그리고 종교 분과(Management, Spirituality, and Religion Interest Group)를 만들어 기업 내 영성에 대한 연구를 본격적으로 실시하게 된다.[58] 기업 구성원들은 집에서 직장으로 올 때 자신의 몸만 일터로 가져오는 것이 아니라 자신 전체 즉 몸, 마음, 영혼을 일터로 가져오기 원한다고 말했다(MaLaughlin, 2005).[59]

이 지점에서 나는 인공지능이 생각하는 '인간에게 있어서 일의 의미'에 대해서 과연 뭐라고 대답하는지 알아보고 싶어졌다. 그래서 "인간에게 일의 의미란 무엇인가?"를 ChatGPT에게 물어보았다. 아래는 ChatGPT가 답변한 내용을 요약한 것이다.

첫째, 일은 생계 수단으로서 필수적인 존재이다. 둘째, 일은 자신의 능력과 재능을 발휘할 수 있는 기회를 제공한다. 셋째, 일은 사회적 관계를 형성하는 계기이다. 넷째, 일은 자아실현에 관한 요소이다. 따라서 일은 인간에게 생존 과정에서 필수적인 요소이면서, 자아실현을 위한 기회가 되기도 한다.

상기에 제시된 답변은 우리가 익히 알고 있는 내용이다. 그만큼 인공지능은 인간의 집단 지성이 축적된 방대한 자료를 토대로 무난한 답을 찾아 주는 데 탁월하다. 그렇다면 ChatGPT의 답변을 알아보았으니 이번에는 인간에게 있어서 일의 의미가 무엇인지 사람의 대답을 통해서 찾아보았다.

2021년 미국의 여론 조사 기관인 '퓨 리서치센터'에서 전 세계 17개국의 성인 1만 9,000명을 대상으로 '삶의 의미를 어디에서 찾는가'를 물어본 설문조사를 진행했다. 그 결과 1위는 가족(38%), 2위를 직업(25%)이 차지했다.[60] 그리고 2017년 미국의 코칭 기업인 베터업(BetterUp)은 직장에서 체감하는 일의 의미에 대한 설문조사를 실시했다. 총 26개 산업 분야의 2,285명의 직장인을 대상으로 한 조사에서 재미있는 결과가 도출되었다. 첫째, 의미 있는 일에 높은 가치를 부여하는 직원들의 직급과 근속 연수가 높다. 둘째, 자신의 일에 의미를 느낄 때 더 높은 생산성을 보인다(1년 평균 5,437달러 더 높은 생산성). 셋째, 90%의 직장인들이 의미 있는 일을 찾을 수 있다면 소득의 23%를 포기할 수 있다고 하였다.[61]

이러한 조사의 결과를 살펴보면 인간에게 있어서 일은 삶의 의미를 찾아 주고, 또한 일에서 그 의미를 찾을 수 있기를 간절히 원하고 있음을 알 수 있다. 그만큼 인간에게 있어서 일은 중요하다. 살기 위하여 일하는 것이 아니라 일하기 위해 살아야 하는 것으로 이해가 될 정도의 조사 결과이다. 종교적 의미에서도 일은 중요하다. 직업을 말하는 보통명사인 'vocation'의 어원은 라틴어 'vocare(부르다)'다. 다시 말해 창조자의 부르심에 의해 신(神)과 이웃을 섬기는 사명이라는 것이다.[62] 성경의 창세기를 보면 창조자의 천지창조 후에 최초의 인간인 아담(Adam)에게 생육하고 번성하라는 명령을 내린다. 생육하고 번성하기 위해 인간은 필히 노동을 하고 가족을 부양해야만 한다. 여기서 번성의 의미는 문화적 의미가 내포된 것으로 일을 통해 찬란한 문화를 꽃피우라는 것이다. 결국 일은 신(神)의 창조 사역에 동참시키고자 인간에게 부여된 것이라는 해석이다. 일은 인간에게 인류사회를 위해 섬길 수 있는 기회를 준다. 또한 인간은 일을 통해 자아를 실현한다.

정리하면 인간에게 있어서 일이란 생계를 유지하는 것 이상의 삶의 의미를 지니고 있다. 일을 통해 물질적 보상을 얻는 것 이상의 영적인 무언가가 있다는 것이다.[63] 일터의 구성원들은 조직에 경제적 요소가 되는 것 그 이상의 의미를 찾기를 원한다. 자신의 일에서 의미를 찾기를 원하고 자신의 꿈을 이루고 사회에 공헌하기를 원하며 선행에 기여하기를 원한다.[64] 이것은 일터에서의 구성원이 영적인 존재라는 인식하에서 직업적 소명을 찾는다는 의미이다. 연구 결과 자신의 일에서 소명의식을 느끼는 사람은 자신의 영역에서 탁월성(excellence)를 추구하려고 애를 쓴다는 것이다.[65] 또한 자신의 성장을 위해 구성원들과 일을 통해 새로운 가치를 추구하며 자신의 한계를 넘어서는 초월성을 추구한다. 결과적으로 일터의 영성은 조직 전체의 향상에 기여한다는 것이다.[66]

M사우나의 이발사 할아버지, 예술로 승화되는 직업

앞에서 언급한 일터에서의 영성에 대해 내가 체험한 좋은 에피소드가 있어서 소개하고자 한다. 나는 한 달에 한 번씩 성균관대학교 근처의 M사우나에 간다. 그곳에는 65년 경력의 이발사 할아버지가 계신다. 그분은 85세의 나이로 평생 이발업을 해 오셨다. 지금도 그분과의 첫 만남은 잊을 수가 없다. 언젠가 나는 대학로 근처에서 일을 마치고 피로도 풀 겸 해서 근처 사우나에 들어갔는데 남탕에는 이발소도 함께 있었다. 나는 탈모가 진행되고 있어서 머리를 깎는 데 많은 신경을 써야 하는 상태였다. 여러 번 미용실을 가 보았지만 만족스럽지 않았다. 그래서 이발소를 찾았지만 요즈음 이발소가 하나둘 문을 닫고 목욕탕 안으로 들어가 그 명맥을 유지하고 있었다.

그러던 와중 M사우나에 우연히 들어가게 되었고 남탕에서 영업을 하시던 이발사 할아버지를 처음 보게 된 것이다. 그분은 약간 구부정한 등으로 왜소한 몸이었지만 눈빛에서 형형한 안광이 뿜어져 나왔다. 나는 마치 강호 무림의 초절정 고수를 만난 것처럼 말로 형용하기 어려운 강한 인상을 받았다. 동네 목욕탕의 허름한 이발소에서 하얀 이발 가운을 입고 서 계신 그분에게는 엄청난 아우라와 내공이 뿜어져 나오는 것만 같았다. 그래서 나는 그때 강력한 확신을 느끼며, '그래, 나의 머리를 저분에게 맡겨야겠다.'라는 결심을 하게 되었다.

아니나 다를까 그분은 65년 전 상경하여 당대 최고의 이발소에서 숙식을 하며 이발 기술을 전수받고 지금까지 이발업에 매진해 온 분이었다. 어림짐작으로도 그의 손을 거쳐 간 고객의 수가 10만 명은 넘을 것이다. 나는 말로만 듣던 재야의 고수를 만난 것이다. 그분이 머리를 만지고 깎고 하는 모습에서 마치 고려 시대 옛 도공이 고려청자를 빚는 것과 같은 정성을 느낄 수 있었다. 그분은 이발을 하시면서 자신이 살아온 인생을 파노라마처럼 압축해서 나에게 설명해 주셨다. 그리고 젊은 사람들에게 이발 기술을 전수하고 싶은데 아무도 배우지 않는다고 해서 아쉽다고 하셨다. 그분의 인생 이야기를 듣는 중 나는 깊은 감동을 받았다. 직업 세계에서 이렇게 자신의 영혼을 넣어 살아온 그의 삶에서 깊은 직업 영성을 느낄 수 있었다. 이발을 하고 집으로 돌아왔는데 아내가 어디서 머리를 했냐며 깜짝 놀랐다. 나랑 결혼한 후에 이렇게 멋진 머리를 본 적이 없다는 것이다. 나는 그 이발사 할아버지가 오래오래 건강하게 이발업을 계속하셔서 많은 사람들의 머리에 생명력을 불어넣어 주기를 간절히 기도했다.

그 이발사 할아버지에게서 나는 많은 것을 깨달았다. 인공지능이 우리의 직업 영역을 하나둘 대체해 나갈 때, 어쩌면 저 이발사 할아버지의 스토리가 우리들에게 디지털 시대를 헤쳐 나갈 지혜를 줄 수 있을 것이라 생각했다. 한번 상상해 보자. 약 10만 명의 사람 두발에 대한 패턴을 학습한 인공지능이 탑재된 로봇 이발사가 우리에게 저런 영감의 서비스를 제공해 줄 수 있을까? 결론부터 말하면 그럴 수 없을 것이다. 왜냐하면 할아버지 이발사의 인생을 통째로 모방할 수 없기 때문이다. 그가 살아온 65년 인생의 고결한 영혼이 그의 직업 세계에 고스란히 담겨 있기 때문이다. 그분의 이발업에 대한 사랑과 정성을 인공지능이 어떻게 모방할 수 있을까? 단지 인공지능 이발사가 할 수 있는 것은 다양한 사람들의 두발 패턴과 고객의 요구 사항을 반영한 편리한 이발 서비스일 뿐일 것이다. 할아버지 이발사의 이발은 더 이상 단순한 이발 행위가 아니라 영혼이 깃든 예술 행위로 승화되었다. 앞서 살펴보았듯이 예술 행위에는 인간의 오감뿐만 아니라 영성이 깊게 응축되어 있다. 또한 이발사 할아버지와 고객들이 만들어 내는 이발 행위를 초월한 아름답고 애정 어린 깊은 교감의 세계는 모방하기 힘든 영역이다.

나는 여기에서 해답을 찾았다. 인공지능에게 대체되지 않는 직업인으로 차별화하려면 우리의 직업 영역을 예술의 영역으로 승화시켜야 한다는 것이다. 우리의 직업을 마치 예술 작품을 만드는 예술가처럼 작품 세계에 영혼을 넣는 승부처가 되게 하여야 한다는 것이다. 그렇게 하기 위해 우리는 직업에 대한 숭고한 사명감과 함께 고도의 집중력과 창의력, 상상력, 윤리성을 발휘해야 한다. 이와 덧붙여 사람을 대하는 직업인 경우 깊은 공감력을 가지고 일해야 한다는 것이다. 즉 디지털 시대의 영감을 가지고 각자의 직업 세계에서 일할 때 우리는 인공지능의 전방위적 공세로부터 자신을 차별화하며 소중한 우리의 일을 지켜나갈 수 있을 것이다.

잘 노는 사람이 성공한다 - 취미의 시대

경제학자 케인즈는 100여 년 전에 미래 사회에 대한 통찰력 있는 예언을 한 적이 있다. 케인즈는 미래에는 주당 15시간을 일해도 살 수 있는 시대가 올 것이라 예언했다.[67] 그 예언은 지금 적중하고 있다. 생성형 AI와 같은 기술들이 인간의 노동력을 급속히 대체하고 있기 때문에 그 예언은 현실화되고 있다. 미래에는 지금보다 훨씬 우리가 누릴 수 있는 여가 시간이 많아질 것이다. 그렇게 되면 인생의 여백을 어떻게 채워 나가야 하는지가 중요한 시대가 된다. 즉 유희적 인간 시대가 온 것이다. 네덜란드의 역사학자 호이징가는 인간을 유희적 인간 즉 호모 루덴스(Homo Ludens)라 정의하며 인류의 문화가 인간의 놀이를 통해 발생했다고 주장했다. 인간은 놀이를 통해 세계관, 가치관을 표현하는 고차원적 존재라는 것이다.

예전 산업화 시대에는 열심히 노동력을 제공하는 산업화의 역군들이 경제의 주역이었지만, 앞으로는 인간의 여가를 즐겁게 채워 줄 크리에이터들이 부상할 것이다. 지금도 동영상 플랫폼 유튜브에서 크리에이터들이 우리의 비어 있는 시간을 즐겁게 채워 주고 있다. 과학 실험 유튜버 '허팝'은 초등학생들의 마음속 호기심과 로망들을 상상력 넘치는 재미있는 실험으로 채워 주고 있다. 또한 일반인 여행 유튜버로 유명한 빠니보틀, 곽튜브는 기존 여행 관념을 깨고 오지 탐험이나 독특한 여행 체험 등으로 전 세계를 누비며 구독자들에게 여행의 예기치 않은 재미와 즐거움을 주기도 한다. 책 추천 유튜브 채널인 '책추남TV', '책 읽는 사자', '화와이 대저택' 또한 숨겨진 좋은 책들을 찾아 추천하여 해설해 주는 콘텐츠를 운영하며 독자들과 공감하고 있다. 이 같은 유튜버들은 주로 우리의 여가와 관련된 콘텐츠로 현재 우리 사회에 여유와 재미를 선사하고 때론 유의미한 지식과 정보를 전달해 주고 있는 유익한 크리에이터들이다.

놀이가 주는 또 다른 혜택은 바로 창조력의 증진이다. 인류의 예술과 문화는 놀이를 통해 꽃을 피워 왔다. 인간의 놀이는 고도의 정신적 작용으로 승화되어 예술의 영역으로 발전한다. 이야기는 문학, 노래는 음악으로 발전해 나갔다. 미디어 아티스트 스티븐 나호마노비치는 "위대한 예술가들의 문학, 작곡, 그림 등의 모든 창조적 행동은 놀이의 다른 형태였으며, 예술가들에게 놀이는 독창적 예술이 꽃피도록 하는 창조성의 근원"이라고 했다. 이제 진정 인공지능이 인간의 노동을 대체하게 된다면 우리는 인간만이 누릴 수 있는 창조적 유희 활동을 마음껏 할 수도 있을 것이다. 혹자는 AI가 인간의 단순한 노동력과 일자리마저 빼앗아 가서 실직자가 됐는데 무슨 놀이며 취미며 여가 활동을 할 수 있겠냐고 반문할 수도 있다. 일부 맞는 이야기이다. 그러나 난 실직 분야의 전문가이다. 누구보다 실직의 아픔을 많이 겪었고 취미와 놀이가 사치처럼 여겨진 시간도 많았다. 그러나 그때 자기 성찰의 시간을 가지면서 전혀 다른 길을 모색해 보게 되었고, 생각지 않은 새로운 일을 시도해 볼 수 있는 기회이기도 했다. 실패했더라도 그 자체가 귀중한 경험이었다. 나 역시 공직 세계에 발을 들여놓을 줄은 꿈에도 생각지 못했다. 그러니 어둡고 좁은 길을 걷는 시기일지라도 오히려 그때야말로 새로운 일을 도전해 볼 수 있는 절호의

기회라고 생각한다. 때론 그렇게 새로운 도전을 할 때 새로운 길
이 열릴 수 있다.

인간과 AI의 컬래버레이션

장차 많은 직업 영역에서 인공지능이 인간을 대체하게 된다
면 우리는 어떠한 전략으로 대응해야 하는가? 그 해답은 협력
(Collaboration)에 있다. PART 3에서 살펴본 인간이 차별화할 수
있는 네 가지 역량(개개인성, 창의력과 상상력, 공감력, 윤리성)을
십분 발휘해야 한다. 인간이 강점을 가지고 있는 이 네 가지 영역
에서 영감을 발휘하고 기능적인 부분들을 잘 구분해서 인공지능
과 협력해야 할 것이다.

먼저 예술의 영역을 살펴보자. 19세기 카메라가 처음 발명되었
을 때 많은 화가들이 미술의 위기를 말하면서 미술의 미래를 암울
하게 전망했다. 사진이 사물과 배경을 정밀하게 찍어 내기 때문
에 화가들이 더 이상 필요 없을 것이라고 생각했다. 하지만 인상
파 미술이 태동하여 사물과 사람의 사실적 묘사보다 빛의 굴절과
반사를 통한 피사체의 느낌과 인상을 미술의 주제로 가져왔다. 즉
인상파 미술은 인간의 마음을 그려 냈던 것이다. 그렇게 하여 인

상파 미술은 사진과 명확한 차별을 이뤄 냈다. 지금까지도 현대 추상미술은 인간의 마음을 표현하며 그 강한 생명력을 이어 나가고 있는 것이다. 여기에서 우리는 깊은 깨달음을 얻을 수 있다. 인공지능의 공세 속에서 우리는 인간의 마음과 관련된 일에서 주도권을 가져갈 수 있는 것이다. 그것이 바로 인간의 영성을 회복하는 일과 직결됨을 나는 이 책에서 여러 차례 강조했다.

물론 지금의 인공지능은 19세기의 사진 기술보다 훨씬 더 진보적이며 위협적이다. 인공지능이 인간의 창조성을 모방하는 단계까지 진입했기 때문이다. 하지만 인상파 화가들의 차별화 전략은 현재까지도 유효하다고 생각한다. 예술 작품을 관통하는 전체의 큰 주제에 대한 창의성은 창작자인 인간이 담당해야 한다. 즉 작품을 만들 때 기본적으로 창작자들이 큰 틀의 구상을 해야 한다. 인간이 자신의 영감을 바탕으로 큰 기획을 구상하고 나서 세부적인 부분에서 인공지능의 모방된 창조성의 힘을 빌려 나가야 할 것이다. 그 대표적인 사례가 독도를 주제로 한 작가 '두민'과 '이메진AI'와의 협업 작품 'Commune with…'이다. 이 작품은 창작자가 독도의 전경을 실제 섬과 해수면에 비친 섬의 이미지로 표현하고 있다. 이때 창작자는 실제 독도를 그렸고, 이메진AI는 해수면에 비친 독도를 그렸다. 이러한 방식으로 '환상의 경계(The boundary of fantasy)'라는 주제로 AI와의 협업 작품을 만들게 되었다. 이처럼 인간이 창조성의 주도권을 잃지 않으면서 인공지능과 협력한다면 인공지능과 조화로운 공생이 가능할 것이다. 그렇다! M사우나의 이발사처럼 우리의 직업 영역에서 예술과 같은 수준의 영감을 발휘한다면 우리는 인공지능을 마음껏 활용하면서도 인간의 숭고한 고유성과 주도권을 잃지 않을 것이다.

기업 경영의 영역에서도 인간의 마음을 대상으로 하는 마케팅과 영업 분야 그리고 고객 관계 관리(CRM) 분야, 최고경영자의 경영 전략 등의 분야는 인간이 창의력과 공감력으로 주도권을 가져가야만 한다. 미래의 기업 경영이 예술 행위와 같이 승화되어야 하는 명백한 이유가 바로 이것이다. 인간의 마음을 연금술과 같이 만들어 내야 하는 고도의 예술 행위와 같은 정치, 행정, 사법의 영역에서도 인간은 윤리성을 바탕으로 주도권을 가져 나가야 한다. 그래야만 인공지능에게 종속되지 않는 인간 주도의 디지털 시대를 열어 나갈 수 있을 것이다.

펄스나인의 AI 화가 '이메진AI'와 두민 작가가 독도를 주제로 협업하여 그린 작품. 제목은 '교감하다'라는 뜻의 'Commune with…'. 채색화가 본 작품이며, 그 전에 드로잉화가 펜으로 그려졌다.

출처: 유튜브 영상 캡처

기사 참조: "AI전문기업 펄스나인, AI화가와 인간의 콜라보레이션 '독도' 선보여"
〈조선일보〉 2019.09.20.

특별부록. 영감으로 디지털 경제를 지배하라

"창조적 파괴, 즉 혁신은 자본주의뿐만 아니라 모든 경제 발전의 원동력이다."

- 조지프 슘페터

디지털 시대의 기업가 정신

현재 2023년 6월 기준 미국 시가총액 기준 10위까지 기업 중 여섯 개가 디지털 기술 기업(애플, 마이크로소프트, 알파벳, 아마존, 테슬라, 메타)이다.[68] 디지털 경제의 핵심 재료인 반도체를 생산하는 엔비디아와 TSMC도 넓은 의미로 볼 때 디지털 경제의 연관 기업이다. 결국 세계 시가총액 기준 10위까지 기업 중 여덟 개가 디지털 경제 관련 기업이다. 바야흐로 세계 경제는 디지털 경제

시대로 진입했고, 그 추세는 가속화될 전망이다.

순위	기업명	시가총액 (달러)
1	애플	2조 9350억
2	마이크로소프트	2조 5880억
3	사우디 아람코	2조 970억
4	알파벳(구글)	1조 5910억
5	아마존	1조 3040억
6	엔비디아	1조 530억
7	테슬라	8110억
8	버크셔 해서웨이	7420억
9	메타 플랫폼(페이스북)	7220억
10	TSMC	5450억

2023년 6월 16일 기준, 자료출처: companiesmarketcap

　　우리나라는 현재 디지털 대전환이라는 시대의 기회를 온전히 살리지 못하고 있다. 과거 제조─중화학공업으로 이룩한 경제 모델이 지금 세계 공급망 재편과 디지털 경제의 급부상으로 심각한 위기를 맞고 있다. 설상가상으로 과거 경제 발전을 주도했던 한국의 기업가 정신은 주요국 대비 현저히 낮은 실정이다. 한국의 '글로벌 기업가 정신 지수'(GEM, Global Entrepreneurship Monitor)는 2019년 기준 OECD 37개국 중 27위 수준에 머물고 있다. 그런데도 과거의 성공에 집착하여 미래의 기회의 세계로 나아가는 과감한 도전을 하지 못하고 있다. 이 중요한 시기에 우리는 어떠한 돌파구를 마련해야 할까? 이러한 디지털 경제를 선도하는 기업들을 만들기 위해 우리는 어떠한 역량을 갖추어야 하는지, 디지털 시대에 필요한 기업가 정신은 무엇인지 알아보기로 한다.

디지털 경제의 가장 큰 특징은 산업 간, 기술 간 경계를 넘는 확장성과 융합성이다. 이러한 경제 체제 안에서 갖추어야 할 역량은 상상력과 창의력이다. 기존 산업 체제에서 경험하지 못했던 영역으로 확장할 때 상상력이 필요하다. 또한 산업, 기술 영역 간의 초융합이 일어나고 있기 때문에 창의력을 가지고 새로운 비즈니스 모델을 만들 수 있어야 한다. 예를 들어 미래 운송 수단으로 전망되고 있는 UAM(Urban Air Mobility: 도심 항공 모빌리티)은 여러 가지 미래 기술이 융합되어 있는 상상력과 창의력의 산물이다. [69]

기체 Concept	Multicopters (Wingless)		Vectored thrust (Tilt rotor type)	
형상				
모델명	Ehang 216F	Volocity	S4	VA-X4
제조사/국적	Ehang/중국	Volocopter/독일	Joby Aviation/미국	Vertical Aerospace/영국
특징	최대 이륙중량: 650kg 유상 하중: 220kg 탑승 인원: 2인승 파워트레인: 배터리 비행 거리: 35km 최대 속도: 130km/h	최대 이륙중량: 900kg 유상 하중: 200kg 탑승 인원: 2인승 파워트레인: 배터리 비행 거리: 35km 최대 속도: 110km/h	최대 이륙중량: 2,177kg 유상 하중: 450kg 탑승 인원: 1(조종사)+4(탑승객) 파워트레인: 배터리 비행 거리: 241km 최대 속도: 322km/h	최대 이륙중량: Unknown 유상 하중: 450kg 탑승 인원: 1(조종사)+4(탑승객) 파워트레인: 배터리 비행 거리: 161km 순항 속도: 241km/h

UAM기체의 대표적인 사례
출처: 『기술과 혁신』, 449호, KOITA, 2021

　누군가 하늘을 나는 택시를 상상한다면 그 상상력에 더해서 드론 기술, 헬리콥터 기술, 자율주행 기술과 같은 첨단 기술과 승차 공유 모델, 교통 시뮬레이션, 온디맨드 모빌리티(승객이 원하는 때와 장소에서 이동을 제공하는 모델) 등의 프로세스 모델이 창의적인 비즈니스 모델과 융합하여 사업화되는 것이다. 그러기 위해 필요한 능력이 바로 기술 지능(TQ, Technology Quotient)이다. 기술 지능은 미래 기술들을 적용하여 창의적인 비즈니스 모델을 만들어 내는 지적인 능력으로 디지털 시대 기업가들의 필수 역량이다.[70] 디지털 경제에는 이러한 상상력, 창의력으로 만들어진 비즈니스 모델을 최종 사용자에게 전달할 때 공감력과 같은 감성적 접근이 필요하다. 여기에 덧붙여 이러한 인류 사회를 근본적으로 변화시킬 수 있는 엄청난 기술과 산업의 올바른 활용을 위한 윤리성이 필요하다. 이러한 역량들은 앞서 PART 3에서 살펴본 영성의 함양에서 쏟아져 나오는 역량들이다. 그러기에 디지털 시대는 역설적으로 영성의 시대가 되는 것이다.

정리하면 기존 영역을 초월한 상상력에 비즈니스 적용을 위한 창의력과 기술 지능, 최종 소비자에게 전달하기 위한 공감력과 여기에 윤리성을 더한다면 디지털 시대를 힘차게 열어 나갈 기업가 정신이 될 것이다. 결론적으로 디지털 시대의 기업가 정신의 핵심은 영감의 함양에 달려 있다.

디지털 시대의 기업가 정신 = 영감(상상력+창의력+공감력+윤리성) + 기술지능 + 비즈니스 마인드(사업화 역량, 글로벌 도전정신)

혁신 에너지의 고갈을 막아라

디지털 전환의 시대에 필요한 기업가 정신을 함양하기에는 한국은 매우 열악한 상황이다. 해방 이후 70년간 우리나라의 공교육 시스템은 서열화된 대학 진학을 위한 치열한 입시 경쟁으로 왜곡

되어 왔다. 그러한 교육 시스템은 산업화에 적합한 매뉴얼화된 인재를 빨리 양산해 내는 데 적합했다. 지금까지는 이런 엘리트들이 외국의 선진 기업을 민첩하게 벤치마킹만 하면 되는 경영 환경이었다. 하지만 디지털 혁명의 시대에 그 어떤 기업도 미래의 변화를 정확하게 예측하기 힘들기 때문에 스스로 독창적인 상상력으로 답을 찾아 내야만 한다. 그럼에도 이런 교육 체제 안에서 만들어진 소위 말하는 한국형 엘리트들은 주어진 문제에 가장 상식적인 답을 정확하고 빠르게 내는 데 최적화된 기계적 사고를 한다. 그러나 디지털 시대의 인재들은 주어진 문제에 답을 내기보다는 세상에 없던 문제를 제시하며 답을 찾는 과감한 모험을 할 수 있어야 한다. 획일화된 한국형 입시 교육에서 자라난 인재들의 창의력과 상상력의 부재로 디지털 경제 시대의 황금 같은 기회들을 놓치고 있는 것이다.

그 결과 우리나라의 인재들이 창업과 같은 리스크가 큰 영역에서 도전하지 않고 있다. 이른바 한국은 도전 회피형 국가가 되고 있는 것이다. 이러한 상황을 단적으로 보여 주는 현상이 의대 쏠림 현상이다. 국가의 엘리트들이 모두 의사와 같은 라이선스형 전문직에 몰린다면, 첨단 분야의 고급 인재 유입이 부족하여 국가 전체의 혁신 에너지가 고갈될 것이다. 설상가상으로 심각한 문제는 이러한 전문직 엘리트들의 영역에도 인공지능이 들어오고 있다는 것이다. 어떻게 기계 같은 인간이 진짜 기계를 상대해 내겠는가? 앞서 설명한 디지털 시대의 차별화 역량이 부족한 한국형 인재들에게 인공지능과 같은 디지털 기술의 공세는 매우 위협적일 수밖에 없다.

지금의 디지털 시대에는 새로운 영역에서 새로운 질문을 제기하며 새로운 해답의 가능성으로 미래를 개척해 나가는 창의적인 인재가 필요하다. 하지만 이러한 교육 시스템 안에서는 독창적인 상상력으로 새로운 영역을 개척해 나갈 인재들을 육성하기에는 한계가 있다. 설상가상으로 디지털 시대에서 절실히 요구되는 창의적인 괴짜, 몽상가들은 한국 사회에서 철저히 배제되어 왔다. 그들은 한국의 제도권에서 철저히 소외된 채 도태되거나, 아니면 그들 스스로 힘겹게 고군분투하며 성장해야만 했다. 그들의 혁신 에너지를 우리 사회가 수용하지 못했다. 그렇다면 디지털 경제 시대의 인재를 양성하기 위해서는 어떻게 해야 할까?

기존의 과학영재학교는 창의적 과학자를 양성하기 위한 조기 교육기관이다. 하지만 과학영재학교가 소기의 성과를 달성했다고 보기는 어렵다. 아직도 우리나라의 기초과학 역량은 경제력 대비 낮은 수준이다. 그리고 우리나라는 과학 기술이 혁신 즉 상용화로 이어지지 않고 따로 놀고 있다. 그렇기 때문에 과학 기술로 혁신적인 사업까지 이어지는 데 어려움이 많았다. GDP 대비 전 세계

1위의 R&D 예산을 쏟는데도 그에 비해 혁신적인 기업이 나오지 않고, 특허출원 세계 4위(2022년 기준)의 발명 대국임에도 그에 비해 기술 사업화 수준은 떨어진다. 발명(invention) 자체로는 혁신에 이르지 못하기 때문이다. 발명이 상용화로 상품이 될 때 비로소 혁신적 가치를 만들어 내는 것이다.

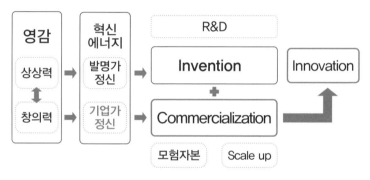

발명에서 혁신으로 가는 과정. 출처 : 저자

혁신과 괴리된 연구를 위한 연구, 발명을 위한 발명이 한국의 과학기술자들을 더욱더 고립시키고 있다. 또한 상용화의 영역(기술 사업화, 기술 투자, 기술 영업 등)도 과학 기술에 대한 깊은 이해력을 가지는 경우가 드물다. 파괴적 혁신을 일으키는 창의적이고 도전적인 감각을 가지고 있는 과학자와 기술에 대한 심오한 이해력을 갖춘 경영 전문가를 찾기 어려운 까닭이다. 이렇게 두 영역 사이의 간격이 큰 만큼 과학 기술 연구가 큰 혁신을 가져오는 상용화로 이어지기는 어려운 구조이다. 지금까지 제조업의 시대에는 이러한 분업화가 효율적이었지만, 영역 간의 경계가 허물어지는 초융합의 디지털 시대에 이런 혁신의 부재에서 오는 위기는 가속화될 것이다.

디지털 창업 사관학교, 디지털전환학교

그렇다면 이러한 디지털 시대의 창의적 인재를 어떻게 하면 육성할 수 있을까? 어떻게 하면 과학 기술이 혁신 생태계 안에서 혁신 기업으로 순조롭게 연결될 수 있을까? 그 해답이 바로 앞에서 강조한 '디지털 시대의 기업가 정신'이다. 그리고 '디지털전환학교 (Digital Transformation School)'는 이러한 질문에 해답이 되는 대안이 될 수 있다. 디지털전환학교란 디지털 시대의 기업가 정신을 함양하는 조기 교육기관이다. 디지털전환학교는 기존의 중등학교를 리모델링한 일종의 디지털 창업가를 육성하는 주니어 창업사관학교이다. 멀지 않은 미래에 출산율의 감소로 급격한 인구 감소가 예상되기 때문에 도심 공동화가 가속화될 것이다. 이때 폐교가 되는 많은 학교를 디지털전환학교로 리모델링하여 도심 속

주니어 창업사관학교로 만든다는 계획이다. 디지털전환학교에 참고가 될 만한 좋은 사례가 있다. 바로 미국 뉴욕의 도심 공간의 재개발을 통해 창업 혁신 생태계를 조성한 '코넬테크' 사례이다. 20세기까지 전염병 환자의 격리 병원과 범죄자를 수용하는 교도소가 있었던 뉴욕시의 버려진 섬 루즈벨트섬이 현재는 혁신적 스타트업의 요람으로 발전하고 있다. 2010년 뉴욕 시는 이 버려진 섬을 혁신 생태계로 복원하고 낡은 산업 생태계에 새로운 혁신의 기운을 넣고자 하였다.

뉴욕 시는 루즈벨트섬의 부지를 무상으로 기증하고 전폭적인 행정 지원을 약속하고 국제 공모를 추진했다. 여기에 MIT, 스탠퍼드와 같은 세계 유수의 공대가 응모했고, 코넬대-이스라엘공대 콘소시엄이 최종 선정되었다. 코넬테크는 현재 혁신 기술을 비즈니스와 융합하는 '스튜디오'라는 수업에서 학생들의 과제물을 바로 스타트업의 창업으로 연계하는 혁명적인 수업 모델을 운영하고 있다. 또한 경영대학원과 연구 기관. 스타트업 인큐베이터의 역할을 동시에 수행하는 융합대학원(제이콥스 인스티튜트)도 설립하여 운영하고 있다. 여기에 더해서 뉴욕 소재의 기업들이 코넬테크의 창업 엑셀러레이터 역할을 하고 있다. 코넬테크는 지난 10년간 뉴욕 시의 혁신 생태계에 활력을 불어넣고 있다. 현재 뉴욕은 실리콘밸리에 이어 실리콘앨리라는 별명을 얻을 만큼 스타트업의 성지가 되어 가고 있다.

코넬테크 전경
출처: 위키피디아

말하자면 디지털전환학교는 코넬테크의 한국형 확장판으로 볼 수 있다. 차이점은 중, 고교 6년간의 기간에 좀 더 일찍 창업 특화 교육을 받게 한다는 점이다. 우리나라의 경우는 청소년들이 입시 지옥이라 불리는 중고등학교 시절에 과도한 입시 경쟁으로 청소년들의 창의력과 상상력이 억압당해 있다. 그러한 소모적인 입시 경쟁에서 벗어나 학생들의 영감을 보호하고 강화하고자 하는 특별한 목적을 고려했다. 이러한 디지털전환학교의 특징은 독서 토론식 커리큘럼을 통해 학생들의 영감을 키워 내는 교육 방식에 있다. 디지털전환학교라서 왠지 첨단 기술 교육을 중시할 것 같지만 의외로 더 중요한 커리큘럼은 실리콘밸리 스타일의 인문학적 독서와 토론 수업이다. 특별히 동서양의 다양한 고전을 읽으며 그 시대의 대문호들과 천재들과 조우한다. 여기서 얻게 되는 사고력으로 동료 학생들과 토론을 하며 비판력, 창의력과 공감력까지 배가시킬 수 있다. 이러한 교육으로 학생들은 디지털 시대 기업가 정신의 핵심이 되는 영감을 함양하게 된다.

이 학교의 두 번째 특징은 융합 교육이라는 것이다. 기존의 STEM(Science, Technology, Engineering, Mathematics: 과학, 기술, 공학, 수학) 교육에 예술과 역사, 철학과 같은 인문학을 결합하여야 한다. 예술과 인문학은 학생들의 영혼을 고상하게 하며 상상력과 창의력의 깊은 샘물과 같은 역할을 한다. 즉 STEM+AH(Arts and Humanities) 융합 교육을 통해 예비 창업자들에게 융합적 사고력과 상상력을 함양시켜 디지털 시대에 대비하여야 한다.

이 학교의 세 번째 특징은 실습 중심의 창업 프로젝트를 통해 문제 해결력을 집중 양성하는 것이다. 앞서 설명한 대로 도심 속 폐교를 리모델링 했기 때문에 그 우월한 입지 조건으로 인해 지역의 대학과 벤처기업이 학교의 공간을 임대하여 들어올 수 있다. 이때 입주 대학과 협약을 맺고 학생들의 기술 지능을 올리는 공동 연구 프로그램(AI 프로그래밍 등)을 운영하고 교수님을 지정하여 멘토링을 하는 것이다. 또한 입주 벤처기업과도 협약을 맺고 학생들에게 인턴십을 제공하여 실제 기술이 상용화될 때 필요한 여러 가지 역량(비즈니스 마인드)들을 실습할 수 있다. 여기에 입주 기관을 글로벌 대학과 벤처기업으로 해도 더욱 좋다. 예를 들자면 핀란드의 헬싱키대학과 같은 글로벌 창업특성화대학과 협약을 맺고, 지역 분교 내지는 확장 캠퍼스를 설립하여 입주시킨다면 금상첨화이다. 말하자면, 원스톱 창업 생태계를 만들 수 있다. 그렇게 되면, 자연스럽게 디지털전환학교의 졸업생들에 대한 진학연계가 이루어질 것이다. 그리고 입주 벤처기업과의 협약을 통해 향후 취업에도 연계가 되게 하면 된다.

특수학교인 디지털전환학교의 학생 선발과 운영은 매우 중요한 문제이다. 어릴 때부터 창업에 관심이 많고 과감한 모험을 할 수 있는 도전적인 인재들을 심층 토론식 면접과 모의사업계획서 심사 등을 통해 선발하여야 한다. 지능은 뛰어나지만 안정 지향적인 학생은 이 학교에 어울리지 않기 때문이다. 그리고 미국식 6년제 중고등학교로 운영하여 학생 전원에게 기숙사 생활을 하게 하고 학비를 면제해 주는 것이다. 물론 중학교, 고등학교의 3+3 체제인 한국적 실정에 맞게 3년 단위로 입학과 졸업이 허용된다. 이렇게 파격적인 혜택을 주는 만큼 학생들은 고교 졸업 후에 창업 관련 대학 진학을 하고 학부 또는 대학원 졸업 후 일정 기간(10년 정도) 벤처 창업을 하거나 창업 생태계에 종사하게 하는 의무를 이행하게 하면 된다. 임관 후 최소 10년간 의무 복무를 해야 하는 육군사관학교와 같은 시스템을 모방한 것이다. 그러기 위해 국내의 창업 특성화 대학 또는 외국의 창업 프로그램이 있는 대학과 연계할 필요가 있다.

마지막으로 창업계에 도전한다는 것은 매우 리스크가 큰 모험이기 때문에 실패에 대한 장치가 필요하다. 졸업생들의 값진 창업에 대한 도전이 아름다운 실패로 끝날 수도 있다. 이때 실패를 소중한 자산으로 여기고 경력으로 인정한 후 사회에 환원하는 것이다. 그러기 위해 창업 도전 실패자에게 벤처투자회사(VC), 창업기획사(AC), 창업 관련 정책 기관 등에서 경력 인정 및 가점 등의 혜택으로 재취업의 기회를 준다. 그렇게 되면 예비 창업인들이 보다 과감한 도전을 할 수 있을 것이고, 우리나라의 창업혁신생태계가 훌륭한 인재들의 유입으로 보다 풍성해질 것이다. 그리고 멀지 않은 미래에 이 학교 출신들이 창업한 기업 중에 글로벌 유니콘 기업들이 많이 탄생하여 청년들에게 고통을 주는 일자리 문제와 저출산 문제 나아가 지방 소멸 문제도 자연히 해결될 수 있을 것이다.

디지털 혁신 정책의 컨트롤 타워 디지털혁신부

국가 전반의 혁신의 에너지를 상승시키는 데에는 정부의 역할도 중요하다. 정부도 영감이 깃든 정책을 추진해야 한다. 정부는 촉진 정책(Promotion Policy)과 규제 정책(Regulation Policy)을 통해 국가 전체의 혁신 에너지를 관리하여야 한다. 촉진 정책은 정부의 투자와 지원으로 산업을 촉진하는 정책이고, 규제 정책은 규제를 완화하여 신산업의 진입을 유도하는 정책이다. 디지털 경제의 융합적인 특성상 이러한 정책들이 유기적으로 관리되고 추진되어야 한다. 하지만 우리나라는 디지털 분야의 촉진, 규제 정책이 다양한 부처에 산재되어 있어 통합적인 힘을 발휘하기 힘든 구조이다. 과거의 중화학-제조업의 시대에는 명확하게 업종과 기술이 구분되었으므로 부처 간 칸막이 구조가 효율적일 수 있었다. 그러나 디지털 경제의 특성상 과거 제도로 정의되지 않는 회색 지대(융합 영역)으로 인해 부처 간 중복 투자, 영역 싸움과 책임 회피가 발생되어 비효율과 혼란을 초래할 수 있다.

이런 맥락에서 디지털혁신부를 신설하여 디지털 경제 분야의 정책 기능을 하나의 부처로 통합하여 디지털 혁신 정책의 컨트롤 타워를 만드는 것이다. 이러한 조직을 신설하기에 앞서 프랑스의 사례를 참고할 필요가 있다. 프랑스는 디지털부를 신설하고 '디지털공화국법'을 제정했다. 프랑스의 디지털공화국법은 디지털 혁신 생태계를 활성화하기 위한 데이터의 개방과 사용 촉진, 디지털 기술의 신뢰성, 개인 정보 보호와 통제, 사회적 약자와 디지털 인프라 구축을 포괄하는 내용이 담겨 있다.

그리고 파리 도심 내 위치한 낡은 철도 기지를 개조하여 프랑스판 실리콘밸리를 지향하는 세계 최대의 창업 혁신 생태계 '스타시옹 F(Station F)'를 만들고 약 1,000여 개의 혁신 스타트업을 입주시켜 육성하고 있다. 또한 프랑스 정부는 2017년부터 공기업의 지분을 매각해 100억 유로(약 13조 원)에 이르는 펀드를 조성하여 스타트업을 지원하고 있다. 여기에 프랑스의 법인세에 대한 감면 혜택(규모에 따라 최저 15%를 적용, 최고세율은 33%)을 주고 있다. 또한 해외 유망기업의 입주를 장려하기 위해 4년간 거주할 수 있는 프렌치 테크비자를 발급해 주고 있다. 그리고 스타시옹 F에 정부 부처 간 칸막이를 없애고 협력체제를 구축하여 정부의 공공 서비스를 위한 통합 서비스를 제공하는 사무 공간을 입주시켰다. 이러한 과감하고 파격적인 정책의 결과로 프랑스는 디지털 강국으로 부상하고 있고, 프랑스의 스타트업들은 르네상스를 맞고 있다.[71]

철도 기지를 재생해 만든 스타시옹 F 내부의 창업 공간
출처: 스타시옹 F 공식 홈페이지, https://stationf.co/programs

프랑스의 사례를 참고하고 한국적 실정을 감안한 디지털혁신부의 주요 기능은 다음과 같다. 1. 디지털경제촉진을 위한 창업 혁신 생태계 조성, 2. 데이터의 개방, 활용 촉진, 3. 디지털신산업 분야의 규제 완화(규제 샌드박스 등), 4. 혁신 금융 서비스의 확산, 5. 디지털 플랫폼 정부의 확산이다. 이를 위해 중소기업벤처부의 창업 벤처 육성 기능, 과학기술정보통신부의 정보통신산업 육성 기능, 교육부의 디지털 창업 인재 양성을 위한 디지털전환학교 설립을 위한 기능, 산업통상자원부의 디지털 전환 지원 기능, 각 부처에 산재된 규제 기능과 규제 샌드박스, 금융위원회의 혁신 금융

서비스, 행정안전부의 공공 데이터 관리와 디지털 플랫폼 정부 기능을 하나의 부처로 통합하고 디지털혁신부를 출범해야 한다.

디지털혁신부의 조직은 단순히 기능만 통합한다고 되는 것이 아니다. 디지털 혁신 생태계의 순환 주기에 1:1 대응하는 목적 지향형 조직 구조로 구성해서 정부 부처 내 존재하는 산업 간의 두터운 칸막이를 걷어 내야 한다. 즉 인재 양성 → R&D → 사업화 → 성장 → 투자회수의 혁신 생태계 주요 단계에 민첩하게 대응해야 한다. 또한 산업 간, 기술 간 유기적인 융합 정책을 만들 수 있는 조직이 되어야 한다. 예를 들어 디지털인재양성본부(디지털 전환학교와 인재 양성), 연구개발혁신본부(R&D와 기술 사업화), 스케일업본부(창업 성장), 투자회수본부(모험 자본, 기술 금융, M&A, IPO)의 4본부에 기획조정실의 역할을 디지털정부실(기획 조정 + 데이터 개방 활용 + 디지털 정부 플랫폼)에서 맡는 구조이다. 여기에 산업별로 전문화된 매트릭스 조직을 적용하면 산업별 특화된 전문성을 잃지 않으면서 순환 주기에 대응하는 융합 정책을 추진할 수 있을 것이다.

디지털혁신부가 출범한다면 우리나라는 디지털 경제 분야에서 통합된 기능과 유기적인 상호작용으로 보다 창의적인 정책을 추진할 수 있을 것이다. 그리고 기업과 국민들의 혼란을 줄일 수 있을 것이다. 이를 위해 신설 디지털혁신부는 민간의 창의와 열정을 담을 수 있는 의사 결정 구조를 지향해야 한다. 적어도 내가 경험한 우리 사회는 수많은 재야의 고수들이 있었다. 하지만 그들의 놀라운 영감과 재능을 우리 사회가 충분히 담아내지 못했다. 이제는 우리가 그러한 재야의 고수들을 발굴하고 그들이 뿜어내는 혁신적 아이디어를 활용해야 한다.

그러기 위해 민간의 전문가를 다수 영입하여 민관 합동 조직으로 구성하여 관료제의 한계를 극복해야 한다. 민간의 창의적 역량을 끌어와서 극대화하기 위해 미국의 '항공우주국(NASA)'과 싱가포르의 '테마섹'과 같은 모델을 참고할 필요가 있다. 디지털 경제는 불확실성이 높은 영역에서 리스크를 감수하고 과감한 모험과 도전을 추진해야 하는데, 관료 조직의 특성은 리스크를 극도로 싫어하는 안정 지향적 조직이기 때문이다. 또한 디지털혁신부의 장관은 다양한 경험을 쌓은 젊고 창의적이고 열정적인 인재로 영입해야 하고, 부총리급으로 격상하여 힘을 실어 주어야 한다. 그렇게 된다면 디지털혁신부가 시장에서 작동하는 과감한 정책들을 담대하게 추진하여 디지털 혁신 생태계에 큰 활력을 줄 수 있을 것이다.

이렇게 교육 분야에서는 디지털전환학교를 통해서 기업가 정신이 탑재된 창의적이고 도전적인 인재를 시장에 공급하게 되면, 기술 기업의 창업이 활성화된다. 그렇게 생겨난 기술 기업들이 혁신

을 창출할 때 혁신 생태계의 역동성이 커질 것이다. 이와 발맞춰
서 정부에서는 혁신 생태계를 활성화하기 위한 지원 정책과 신산
업 분야의 과감한 규제 완화 정책들을 추진해야 한다. 이렇게 교
육, 기업, 정부 부문에서 혁신의 에너지가 넘쳐 난다면 우리 경제
는 다가올 불확실한 미래를 넉넉하게 대비할 수 있을 것이다.

이러한 창조적 선순환 구조를 만들기 위해 지금까지 이 책에서
강조한 창조적 영감을 발휘해야 한다. 우리는 영감을 훈련하여 개
개인의 정체성을 찾고, 상상력과 창의력을 펼치며, 동료 시민들과
교감하며, 인류를 위한 선한 영향력의 꽃을 활짝 피울 수 있을 것
이다. 이러한 창조적 영감의 폭발적인 상호작용들이 우리 사회에
유기적으로 펼쳐진다면, 우리는 지금껏 경험하지 못했던 디지털
시대의 거대한 도전 속에서도 인간의 존엄성을 지켜 나가며 꿈과
희망을 펼칠 수 있을 것이다.

에필로그

- 빨강 머리 앤

어릴 적 나는 〈빨강 머리 앤〉을 좋아했다. TV 만화로 빨강 머리 앤을 보고 있을 때 나는 참 행복했던 기억이 난다. 고부 갈등이 극심한 가정환경 탓에 가정의 화목과 참다운 행복이 무엇인지 잘 몰랐다. 그러한 나에게 있어 빨강 머리 앤은 큰 위안이 되어 주었다. 빨강 머리 앤은 고아 출신으로 자신의 불우한 환경 속에서도 항상 밝은 웃음을 잃지 않았고, 따뜻한 희망을 가지고 살아갔다. 그리고 만화 속 앤은 잠이 들기 전 항상 행복한 상상을 하는 버릇이 있었다. 나는 그 점이 참 좋았다. 그래서 언제부터인가 나도 빨강 머리 앤처럼 잠자리에 누워 잠이 들기 전까지 행복한 상상을 하는 습관을 가지게 되었다. 그러면 다음 날 아침에 눈을 떴을 때 하루를 더 살아갈 수 있게 하는 힘과 용기가 생겼다.

아무리 내가 처한 현실이 우울하거나 나를 속이고 있어도 나의 잠자기 전 행복한 상상만큼은 빼앗아 갈 수 없었다. 그 상상 속에서 나는 과학자가 되어 세상이 깜짝 놀랄 이론을 만들어 노벨상을 받기도 했다. 그러한 상상이 주는 따뜻한 힘이 없었다면, 나는 벌써 삶을 포기했을 것이다. 그러한 행복한 상상을 시작한 지 40년이 다 되어 간다. 그 상상 속에서 나는 꿈을 실현하는 삶의 지혜와 용기를 얻을 수 있었다. 그동안의 상상 중에 이미 현실이 되어 버린 것도 있고, 현실의 벽 앞에 좌절된 것도 있고, 지금 현재 진행 중인 것도 있다. 혹자들은 상상의 능력을 현실 도피나 정신 승리라고 평가절하한다. 하지만 분명한 것은 우리가 우리 자신의 인생을 상상하지 않는다면, 우리는 이미 다른 사람들의 상상 속 무대에서 꼭두각시처럼 살고 있을 것이다.

지금 우리는 한 치 앞도 예측할 수 없는 급변하는 디지털 시대를 살고 있다. 이러한 시대에 절실히 필요한 것이 바로 상상의 힘이 아닐까 생각했다. 사람이 인공지능과 차별화되어 사람답게 사는 비결은 바로 상상으로 자신의 삶을 변화시키는 데 있다. 그럼에도 불구하고 우리는 점점 더 자유로운 상상을 하기 어려운 환경에 살고 있다. 디지털 기술들이 주는 안락함과 찰나적 재미 속에서 우리는 상상하는 기쁨을 잃어 가고 있기 때문이다. 이런 역설적인 상황 속에서도 우리는 상상이 주는 고귀한 힘을 지켜 내야 한다. 디지털 시대의 영감의 스위치는 바로 이런 멋진 상상으로부터 켜질 것이다. 그러한 상상이 우리의 개개인성을 찾아 주고, 창의력과 공감력의 영감을 켜게 해 줄 것이다.

권위 있는 뇌 과학자들은 인간 두뇌의 최전성기는 지혜와 통찰력이 축적된 60~80세 사이라고 주장하고 있다. 그러니 독자 여러분 대부분은 아직 전성기가 오지 않았을 것이다. 그러므로 지금 이 순간부터 가슴을 활짝 열고 마음속 깊숙이 열망하는 자신만의 인생을 찾기 바란다. 그리고 그렇게 찾은 자신만의 소중한 꿈을 멋지게, 격렬하게 상상하기 바란다. 그리하여 우리의 인생이 펼쳐지는 이 꿈의 무대에서 화려한 주연으로 자신만의 아름다운 꿈의 이야기들을 당당히 펼쳐 나가기를 소망한다.

"엘리자가 말했어요! 세상은 생각대로 되지 않는다고. 하지만 생각대로 되지 않는다는 건 정말 멋져요. 생각지도 못한 일이 일어나는걸요."

– 〈빨강 머리 앤〉 대사 중

2024년 1월 1일 부산 다대포에서

구 자 영

감사의 글

이 책은 구상부터 출판까지 3년의 세월이 걸렸다. 이 책의 많은 부분은 2021년 5월 부산 다대비전교회에서 열린 '4차 산업혁명과 영성'이라는 주제의 나의 특강에서 시작되었다. 그 당시 교회를 가득 메운 성도들과 청년들의 열띤 호응이 이 책을 집필하는 데 큰 용기가 되었다. 특강 기회를 마련해 주신 고재성 목사님과 성도분들께 깊이 감사드린다. 책의 방향을 결정하는 데 큰 조언을 해 주신 장인어른 최대만 목사님께도 깊은 감사를 드린다. 그리고 바쁘신 시간에도 책의 감수를 맡아 주신 김진우 교수님께도 마음을 다해 감사를 드린다. 이 책이 나오기까지 마음을 다하여 기도해 주신 도봉산교회 이기남 목사님과 성도분들께도 따뜻한 감사를 드린다. 그리고 책을 집필하는 데 영성과 과학에 관한 깊이 있는 양서를 공급해 주며 영감을 제공한 기획재정부 기독선교회 독

서 토론 모임의 김관영 지도목사님과 선교회원 모두께 깊이 감사
드린다. 그리고 매일 나를 깨워 새벽 기도를 위해 교회로 픽업해
주시는 세종한울교회 박재용 목사님께 진심을 다해 감사드린다.
매일의 새벽 기도가 아니었다면 이 책은 세상에 나오지 못했을 것
이다.

책의 제목과 콘셉트 그리고 최종 퇴고에 이르는 과정에서 정성
껏 도움을 준 나의 디지털 노마드 여정의 동반자인 아내 영은에게
사랑의 마음을 전하고 싶다. 언제나 나를 위해 기도해 주신 모든
가족들에게도 감사의 마음을 전하고 싶다. 또한 이 책 출판의 소
중한 기회를 제공해 준 미다스북스 관계자분들께도 진심 어린 감
사를 드린다. 마지막으로 책이 나오기까지 영감과 지혜로 나를 인
도해 주신 창조주 하나님께 모든 영광과 감사를 드린다.

주석

1) IBM, 「Digital transformation: Creating new business models where digital meets physical」, IBM기업가치연구소, 2011

2) 과학기술정보통신부, 「대한민국 디지털전략」, 2022

3) ""잡고 던지고" 보스턴다이내믹스 로봇 '아틀라스' 고난도 동작 시연", 〈전자신문〉, 2023.1.22, https://www.etnews.com/20230120000047

4) 인간처럼 범용적 분야에 사고하고 학습이 가능한 인공지능으로 강한 인공지능(strong AI)으로도 불린다.

5) International Labour Organization (ILO), 「Artificial intelligence in human resource management: a challenge for the human-centered agaenda?」, ILO, 2023.7.25,

6) Kweilin Ellingrud, Saurabh Sanghvi, Gurneet Singh Dandona, Anu Madgavkar, Michael Chui, Olivia White, Paige Hasebe, 「Generative AI and the future of work in America」, McKinsey Global Institute, 2023.7

7) World Economy Forum, 「Chief Risk Officer Outlook」, WEF, 2023.7.26

8) Ray Kurzweil and Lex Fridman, 「2030년에는 컴퓨터와 사람의 뇌가 합쳐질 겁니다」, 유튜브, https://www.youtube.com/watch?v=uc66zrt28UY&t=8s

9) 『마음의 그림자(Shadows of mind)』 Roger Penrose, 노태복 역, 승산, 2014

10) ""Can Machine Think?" 기계가 생각 할 수 있나요?", 〈AI라이프경제〉, 2021.11.19, http://www.aifnlife.co.kr/news/articleView.html?idxno=10436

11) 『마음에 이르는 계단(Stairway to the Mind)』, Alwyn Scott, 백은경 역, 이화여자대학교출판문화원, 2001, http://www.aistudy.com/physics/brain_scott.htm#_bookmark_282e5e8

12) 『황제의 새 마음(The emperor's new mind)』 Roger Penrose, 박승수 역, 이화여자대학교출판문화원, 2022

13) 『마음의 그림자(Shadows of mind)』 Roger Penrose, 노태복 역, 승산, 2014

14) Hameroff, Stuart; Penrose, Roger, 「Reply to seven commentaries on

"Consciousness in the universe: Review of the 'Orch OR' theory"」, 『Physics of Life Reviews』, 2014

15) 『The Self and Its Brain: An Argument for Interactionism』, Karl Popper , Eccles, John C., Routledge, 1984.2.23

16) 『신은 왜 우리 곁을 떠나지 않는가 (Why God Won't Go Away)』, Andrew Newberg, M.D., Eugene d'Aquili, MD., Ph.D. and Vice Rause., 이충호 역, 한울림, 2001

17) The Organization for Economic Cooperation and Development(OECD) 「Artificial Intelligence and the Labour Market」, 『Employment Outlook』, OECD iLibrary, 2023

18) 「AI와 일자리 인식조사」, 인크루트, 알바콜, 2020

19) World Economic Forum(WEF), 「The Future of Jobs Report2023」, WEF, 2023, https://www.weforum.org/reports/the-future-of-jobs-report-2023/digest/

20) The Organization for Economic Cooperation and Development(OECD) 「Artificial Intelligence and the Labour Market」, 『Employment Outlook』, OECD iLibrary, 2023

21) "AI가 목사보다 설교 잘하고 헌금도 안 내도 돼", 〈인사이트〉, 2023.03.19.　http://insight.co.kr/news/432961

22) 『Studies on Semantics in Generative Grammar』, Noam Chomsky, Walter de Gruyter, 1980

23) "튜링 테스트를 통과한 AI도 세상을 인간만큼 이해하지 못한다", 〈위클리NLP〉, 2021.04.25. https://jiho-ml.com/weekly-nlp-36/

24) Bender & Koller, 「Climbing towards NLU: On Meaning, Form, and Understanding in the Age of Data」, 2020

25) "Noam Chomsky: The False Promise of ChatGPT", 〈The New York Times〉, 2023.03.08.

26) "'인간의 꼼수'가 치명타였다…14번 패한 최강 'AI 바둑'의 굴욕", 〈중앙일보〉, 2023.04.20. https://www.joongang.co.kr/article/25156420#home

27) 『Textbook of transpersonal psychiatry and psychology』, Bruce Scotton, Allen Chinen, John Battista, Basic Books, 1996

28) Elkins, D. N., 「A humanistic approach to spiritually oriented psychotherapy. In L. Sperry & E. P. Shafranske (Eds.), Spiritually oriented psychotherapy (pp. 131 – 151)」, American Psychological Association, 2005, https://doi.org/10.1037/10886-006

29) Giacalone, R. A. & Jurkiewicz, C. L., 「Right from wrong: The influence of spirituality on perceptions of unethical business activities. Journal of Business Ethics」, 46, 2003, 85–97.

30) "영감", 〈위키피디아〉, 2022.05.25. https://ko.wikipedia.org/wiki/%EC%98%81%EA% B0%90

31) 『평균의 종말』, 토드 로즈, 정미나 역, 21세기북스, 2018

32) 『뇌내 혁명』, 하루야마 시게오, 오시연 역, 중앙생활사, 2020

33) "KBO, 내년부터 자동 볼-스트라이크 판정 시스템 도입한다", 〈한겨레신문〉, 2023.10.19. https://www.hani.co.kr/arti/sports/baseball/1112782.html

34) 『뇌내 혁명』, 하루야마 시게오, 오시연 역, 중앙생활사, 2020

35) "'유레카'하는 순간 뇌 쾌감중추 폭발한다", 〈서울신문〉, 2020.04.12. [사이언스 브런 치]'유레카'하는 순간 뇌 쾌감중추 폭발한다 | 서울신문 (seoul.co.kr)

36) Ashmos, D. & Duchon, D.,「Spirituality at work: A conceptualization and measure」, Journal of Management Inquiry, 9(2), 2000, 134 – 145

37) Driver, M., 「From empty speech to full speech? Reconceptualizing spirituality in organizations based on a psychoanalytically-grounded understanding of the self」, Human Relations, 58(9), 2005, 1091–1110.

38) 『Spirit at Work: Discovering the Spirituality in Leadership』, Jay A. Conger, Jossey-Bass Management, 1994

39) Seok-Jung Kang, Jinsun Yong, 「Effects of a Spirituality Promotion Program on Spirituality, Empathy and Stress in Nursing Students」, J Korean Acad Fundam Nurs., 26(4), 2019, 240–247., doi: https://doi.org/10.7739/jkafn.2019.26.4.240

40) 『공감하는 뇌, 거울 뉴런과 철학』 쟈코모 리졸라티, 코라도 시니갈이아, 이성동, 윤송 아 역, UUP, 2016

41) 『공감의 시대』, 제레미 리프킨, 이경남 역, 민음사, 2010

42) "오픈AI, AGI 개발 돌파구 찾았다…인간처럼 추론하는 LLM '큐스타' 개발 중", 〈AI TIMES〉 2023.11.24. https://www.aitimes.com/news/articleView.html?idxno=155433

43) "[주간 AI 핫뉴스] 세계 28개국 첫 'AI규제안' 마련… "김 빠진 회의" 평가도", 〈지디넷 코리아〉, 2023.11.06., https://zdnet.co.kr/view/?no=20231106002647

44) "인공지능윤리, 그 잠재성의 중심", 〈AI TIMES〉, 2021.10.05., https://www.aitimes. com/news/articleView.html?idxno=140883

45) Cavanagh, S. & Bandsuch, M., 「Virtue as a benchmark for spirituality in business」, Journal of Business Ethics, 38(1/2), 2002, 109–117.

46) 우정사업본부, 「디지털 과잉에 지친 당신을 위한 '디지털 디톡스(Digital Detox)'」, 『우체국과 사람들』, 2022, http://www.postnews.kr/cpost_life/sub_read.asp?cate= 23&BoardID=17382

47) 『2022 스마트폰 과의존 실태보고서』, 과학기술정보통신부, 한국지능정보사회진흥원, 2022

48) "디지털 디톡스가 필수적인 이유", 〈브런치스토리〉, 2023.09.05. https://brunch. co.kr/@gespino1gs/15

49) 『서사의 위기』, 한병철, 다산초당, 2023

50) "크리스토퍼 놀란", 〈나무위키〉. 2024.01.20., https://namu.wiki/w/ 크리스토퍼%20 놀란

51) 『뇌내 혁명-실천편』, 하루야마 시게오, 중앙생활사, 2021

52) "놀이가 뇌를 자유롭게 하리라", 〈브레인미디어〉, 2010.12.20., 놀이가 뇌를 자유롭게 하리라 (brainmedia.co.kr)

53) 『에이트: 인공지능에게 대체되지 않는 나를 만드는 법』, 이지성, 차이정원, 2019

54) "예비작가들의 창작 대결 '잠 못드는 금요일'", 〈한겨레신문〉, 2007.08.29., https:// www.hani.co.kr/arti/PRINT/232541.html

55) 『루이스와 톨킨의 판타지 문학클럽』, 콜린 듀리에즈, 박은영 역, 이답, 2020

56) 『칼 로저스의 사람-중심상담』, 칼 로저스, 오제은 역, 학지사, 2007

57) 『Values-Based Financial Planning : The Art of Creating and Inspiring Financial Strategy』, Bill Bachrach, Aim High Publishing, 2000

58) Dent, E., Higgins, M. & Wharff, D., 「Spirituality and leadership: An empirical review of definitions, distinctions, and embedded assumptions」, The Leadership Quarterly, 16, 2005, 625-653.

59) McLaughlin, C., 「Spirituality and ethics in business」, European Business Review, 17, 2005, 94-101.

60) "삶의 의미 어디서 찾냐 묻자···한국인만 이걸 1위로 꼽았다", 〈한겨레신문〉, 2003. 11.23

61) "'일의 의미'를 얻는다면 연봉을 낮춰도 될까?" 〈인퓨처컨설팅〉, 2018.12.04., http://Infuture.kr/m/1693

62) 『팀 켈러의 일과 영성』, 팀 켈러, 최종훈 역, 두란노, 2013

63) 『The techniques of inner leadership』, Fairholm, G. W., CT: Praeger., 2003

64) Neal, J., 「Employees seek jobs that nourish their souls. Hartford Courant」, A12, 1995

65) 전기석, 이진구, 「Workplace spirituality: Literature review and implications for HRD practitioners」, HRD 연구, 13(1), 2011, 251-279.

66) 유규창 · 서재현 · 김종인, 「Workplace spirituality의 개념적 정의와 모델」, 인사조직연구, 18(4), 2010, 153-199.

67) 『Economic Possibilities for Our Grandchildren. In: Essays in Persuasion』, Keynes, J.M., Palgrave Macmillan, London, 2010, https://doi.org/10.1007/978-1-349-59072-8_25

68) "엔비디아 1조달러 · TSMC 5450억달러···삼성 시가총액은?", 〈머니투데이〉, 2023. 06.17., https://news.mt.co.kr/mtview.php?no=2023061608042895897

69) 이중현, 「도심 항공 모빌리티(UAM)의 미래」, 『기술과 혁신』, 449호, KOITA, 2021

70) 『기술지능』, 정두희, 청림출판, 2017

71) "프랑스를 스타트업 성지로 '디지털공화국법'이 뭐기에", 〈주간조선〉, 2019.03.22., https://weekly.chosun.com/news/articleView.html?idxno=14152

참고 문헌

『공감의 시대』, 제레미 리프킨, 이경남 역, 민음사, 2010

『공감하는 뇌, 거울 뉴런과 철학』, 쟈코모 리졸라티, 코라도 시니갈이아, 이성동, 윤송아 역, UUP, 2016

『기술복제시대의 예술작품 사진의 작은 역사 외』, 발터 벤야민, 최성민 역, 길, 2016

『기술지능』, 정두희, 청림출판, 2017

『노는 만큼 성공한다』, 김정운, 21세기북스, 2021

『뇌내 혁명』, 하루야마 시게오, 오시연 역, 중앙생활사, 2020

『뇌내 혁명-실천편』, 하루야마 시게오, 중앙생활사, 2021

『다크호스』, 토드 로즈, 정미나 역, 21세기북스, 2019

『도파민네이션』, 애나 렘키, 김두완 역, 흐름출판, 2022

『루이스와 톨킨의 판타지 문학클럽』, 콜린 듀리에즈, 박은영 역, 이답, 2020

『마음의 그림자(Shadows of mind)』 Roger Penrose, 노태복 역, 승산, 2014

『마음에 이르는 계단(Stairway to the Mind)』, Alwyn Scott, 백은경 역, 이화여자대학교출판문화원, 2001, http://www.aistudy.com/physics/brain_scott.htm#_bookmark_282e5e8

『서사의 위기』, 한병철, 다산초당, 2023

『신은 왜 우리 곁을 떠나지 않는가(Why God Won't Go Away)』, Andrew Newberg, M.D., Eugene d'Aquili, MD., Ph.D. and Vice Rause., 이충호 역, 한울림, 2001

『슈뢰딩거의 생명이란 무엇인가, 생명의 법칙을 찾아 나선 양자물리학자의 지적 탐험』, 오철우, 사계절, 2022

『에이트: 인공지능에게 대체되지 않는 나를 만드는 법』, 이지성, 차이정원, 2019

『GPT제너레이션』, 이시한, 북모먼트, 2023

『지성에서 영성으로』, 이어령, 열림원, 2017

『창조설계의 비밀』, 리 스트로벨, 홍종락 역, 두란노서원, 2015

『축적의 길』, 이정동, 지식노마드, 2017

『칼 로저스의 사람-중심상담』, 칼 로저스, 오제은 역, 학지사, 2007

『팀 켈러의 일과 영성』, 팀 켈러, 최종훈 역, 두란노, 2013

『파괴적 혁신 4.0』, 클레이튼 M. 크리스텐슨, 김태훈 역, 세종서적, 2018

『평균의 종말』, 토드 로즈, 정미나 역, 21세기북스, 2018

『황제의 새 마음(The emperor's new mind)』 Roger Penrose, 박승수 역, 이화여자대학교 출판문화원, 2022

『Economic Possibilities for Our Grandchildren. In: Essays in Persuasion』, Keynes, J.M., Palgrave Macmillan, London, 2010, https://doi.org/10.1007/978-1-349-59072-8_25

『Studies on Semantics in Generative Grammar』, Noam Chomsky, Walter de Gruyter, 1980

『Textbook of transpersonal psychiatry and psychology』, Bruce Scotton, Allen Chinen, John Battista, Basic Books, 1996

『The Self and Its Brain: An Argument for Interactionism』, Karl Popper , Eccles, John C., Routledge, 1984.2.23

『The techniques of inner leadership』, Fairholm, G. W., CT: Praeger., 2003

『Values-Based Financial Planning : The Art of Creating and Inspiring Financial Strategy』, Bill Bachrach, Aim High Publishing, 2000

INSPIRATION